Début d'une série de documents
en couleur

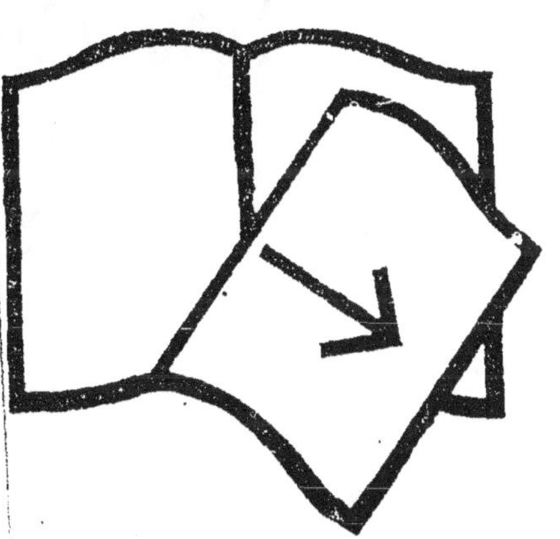

Couverture inférieure manquante

LE

PÈRE JOSEPH ET RICHELIEU

LE PROJET DE CROISADE

(1616-1625)

PAR

G. FAGNIEZ

Extrait de la *Revue des Questions historiques*, octobre 1889.

PARIS
BUREAUX DE LA REVUE
5, RUE SAINT-SIMON, 5
1889

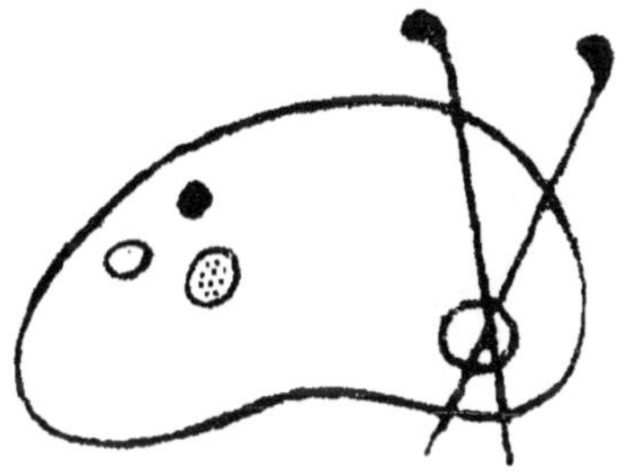

Fin d'une série de documents
en couleur

LE

PÈRE JOSEPH ET RICHELIEU

LE PROJET DE CROISADE

(1616-1625)

LE

PÈRE JOSEPH ET RICHELIEU

LE PROJET DE CROISADE

(1616-1625)

PAR

G. FAGNIEZ

Extrait de la *Revue des Questions historiques*, octobre 1889.

PARIS
BUREAUX DE LA REVUE
5, RUE SAINT-SIMON, 5

1889

LE PÈRE JOSEPH ET RICHELIEU

LE PROJET DE CROISADE[1]

(1616-1625)

La vie religieuse et politique du Père Joseph a été dominée par un sentiment et par une idée : la douleur de voir les lieux saints aux mains des infidèles, la préoccupation de les leur arracher. En même temps qu'il fonde une congrégation dont les mérites spirituels doivent obtenir leur délivrance[2], il entreprend d'unir dans le même but les nations chrétiennes. Il semble malaisé de défendre une pareille entreprise du ridicule réservé aux tentatives en disproportion avec les forces de leur auteur et en contradiction avec l'esprit du temps où elles se produisent. Pour être justifiés, de tels desseins doivent s'appuyer sur un puissant courant fourni par les faits ou tout au moins par l'opinion. Or, depuis l'époque où la prise de Constantinople par les Turcs, tardif et dernier flot des invasions barbares, inaugure les temps modernes jusqu'à celle où le Père Joseph cherche à gagner les puissances à son projet, l'Europe semble n'avoir plus rien de commun avec cette république chrétienne du moyen âge qui gardait encore l'empreinte de l'unité romaine et carolingienne, qui en vénérait dans le pape et l'empereur les représentants et qu'une même foi, un même élan poussait aux croisades. Le progrès du pouvoir royal et la formation des nationalités, la rupture de l'unité religieuse et les luttes intestines et internationales qui en sont la suite, les guerres d'équilibre et de prépondérance, les découvertes et les expéditions maritimes, l'opposition des races germaniques et des races latines, l'importance nouvelle

[1]. Nous n'aurions pu écrire le travail qu'on va lire, si les archives de la maison Borghèse ne nous avaient été ouvertes ; nous devons donc de vifs remerciements à leur savant conservateur, M. Ludovico Passarini, pour nous y avoir libéralement admis.

[2] Voy. L'*Avènement de Richelieu au pouvoir et la fondation du Calvaire.*

des intérêts économiques, tout, dans cette période d'un siècle et demi, nous montre des peuples isolés par l'enfantement douloureux de leur nationalité et de leur foi et ne se rapprochant que pour se combattre, tout atteste une anarchie qui sera féconde mais qui, au début du XVIIe siècle, ignore encore elle-même ce qu'elle porte dans son sein. Et cependant, si l'on regarde de plus près, on s'aperçoit que la tradition d'une religion et d'une civilisation communes est encore bien vivante. Deux choses assurent la perpétuité de cette tradition : le caractère cosmopolite de la papauté qui reconquiert en partie, en réformant l'Église et en se réformant elle-même, l'autorité que l'hérésie lui a fait perdre, la crainte de l'islamisme qui se répand au delà du Danube et écume la Méditerranée et ses rivages. Des projets de croisade, l'anéantissement de la marine ottomane à Lépante, la réprobation générale soulevée par l'alliance des rois très chrétiens avec les sultans, les desseins prêtés par Sully à Henri IV, d'assez nombreux écrits prouvent que les divisions de la chrétienté ne lui faisaient oublier ni la solidarité de ses membres ni le danger de l'islamisme. Nous ne pourrions multiplier les preuves de la persistance de ces deux sentiments sans mettre sous les yeux du lecteur des faits en grande partie connus et déjà réunis avec la même intention dans des travaux spéciaux [1]. Nous avons hâte d'arriver aux antécédents immédiats de l'entreprise du Père Joseph, car il nous appartenait seulement de faire remarquer que le sentiment public était mieux préparé qu'on ne serait tenté de le croire à la comprendre et à la seconder.

I

Parmi ceux qui cherchaient à attirer sur l'Orient l'attention de l'Europe, on rencontre des Grecs [2]. Ceux-ci apportaient dans la

[1] L. Drapeyron, *Un projet français de conquête de l'empire ottoman au XVIe et au XVIIe siècle.* — Dom Piolin, *De l'esprit des croisades en France au XVIIe siècle.*

[2] Sur la part du patriotisme grec dans le projet de croisade et sur l'athénien Léonard Philaras, l'un des Grecs qui y concoururent dans un sentiment national, voy. Joannis Cottunii *Epigrammata Græca.* Padoue, 1654 ; Sathas, Νεοελληνικη Φιλολογια. Athènes, 1868, p. 289 ; Chardon de La Rochette, *Mélanges de littérature et de critique,* Paris, 1812, t. II.

prédication de la croisade un sentiment particulier : par elle ils voulaient arriver à l'affranchissement de leur patrie, à la restauration de l'empire grec. En 1607 quelques Macédoniens de grande famille cherchaient à faire du duc de Savoie Charles-Emmanuel le restaurateur de leur nationalité, et celui-ci faisait sonder Henri IV sur l'appui qu'une pareille entreprise pourrait trouver chez lui. Vers la même époque, on rencontre un projet d'insurrection plus mûri ou peut-être seulement mieux connu : c'est un grec influent de la Canée, Giovanni Fantin Minotto qui en est l'auteur. Depuis le commencement du siècle, ce personnage s'occupait de former, notamment à Chio, dans les îles de l'Archipel et dans la Morée, des hétairies ou sociétés secrètes où s'organisait un soulèvement général. Il sentait, lui aussi, le besoin de trouver des soutiens en Occident, et songeant tout naturellement à l'arbitre de la chrétienté, à Henri IV, il avait recours à l'un de ses compatriotes, Manuel de Cerigo, serviteur et favori du roi, pour essayer de le séduire par la grandeur du rôle qu'il lui offrait et pour lui promettre le concours de Venise, des rois d'Écosse et d'Angleterre, du pape et des princes d'Italie [1]. Le chef de la dynastie de Bourbon avait trop besoin de la Turquie dans la guerre qu'il préparait contre la maison d'Autriche pour prêter l'oreille à de pareilles suggestions, mais ce qu'il ne pouvait faire, un de ses sujets allait l'entreprendre.

En prenant la place du roi, Charles de Gonzague, duc de Nevers, répondait à l'appel des Grecs, et ce n'était pas le hasard qui avait dirigé leurs yeux sur lui. Petit-fils de Marguerite Paléologue de Montferrat, il était destiné à devenir, par la fusion de la branche aînée avec la branche cadette des Gonzagues en 1627, le chef de la maison des Paléologues, et il pouvait, en attendant, faire valoir les droits de cette maison sur le trône de Constantinople. Ce n'était donc pas pour les Grecs un libérateur ordinaire, c'était un prétendant dont le nom [2] et les titres parlaient à l'imagination populaire. Etait-ce la seule force qu'il apportât à la cause nationale ? Y joignait-il celle qui résulte du caractère et du talent ? Il n'existe aucun document intime — cor-

[1] Zinkeisen, *Geschichte des Osmanischen Reiches in Europa*, t. III, p. 859. Arch. des affaires étrangères. Venise.

[2] Les Grecs ne s'adressent jamais a lui qu'en lui donnant le nom de Constantin Paléologue.

respondance ou mémoires [1] — pour nous révéler la véritable valeur d'un personnage qui doit cependant compter pour beaucoup dans la tournure des événements que nous allons raconter; c'est donc seulement sur sa conduite, si imparfaitement connue, qu'il faut le juger. Fils de Louis de Gonzague et d'Henriette de Clèves, italien par son père, allemand par sa mère, grand seigneur en France et membre d'une maison souveraine en Italie, Charles de Gonzague nous frappe surtout par l'ardeur héréditaire de ses sentiments catholiques, par une chaleur dans ses entreprises qui n'avait d'égale que la mobilité avec laquelle il s'en laissait distraire, par une humeur singulière et relevée qui lui faisait suivre dans les affaires des voies particulières et l'exposait à de fréquents dégoûts, par une bravoure chevaleresque, par la passion de la gloire et de la magnificence. Il n'a pas trouvé et ne trouvera vraisemblablement pas de biographe, et l'histoire générale, qui n'a pas le loisir de démêler la conduite de tous les personnages qu'elle met en scène, ne s'est guère occupée de lui qu'à l'occasion des troubles de la régence de Marie de Médicis et pour le confondre avec tous les aristocratiques fauteurs de sédition qui ont fait de cette période une page si ingrate de nos annales. Il y aurait bien des choses à dire contre cette condamnation sommaire et générale. Sans vouloir atténuer les torts du duc de Nevers en ces difficiles circonstances, nous nous contenterons de remarquer qu'il y fit preuve, plus d'une fois, de fermeté, d'habileté, de sens politique, d'un vrai dévouement aux intérêts communs du royaume et du Saint-Siège, qu'il chercha à s'y faire le chef d'un tiers parti, à y jouer le rôle de médiateur entre la royauté et les mécontents. La création de Charleville, le luxe qu'il déploya dans son ambassade d'obédience auprès de Paul V, les préparatifs de sa campagne contre les Turcs, attestent sa prodigalité et ses ressources. En les combattant vaillamment au siège de Bude (1602), en y recevant une arquebusade à travers le corps, il se désignait davantage encore au choix des Grecs, dont sa naissance attirait déjà les regards [2].

[1] Les *Mémoires* de Michel de Marolles, homme de confiance du duc, ne satisfont pas eux-mêmes notre curiosité à cet égard.

[2] *Mémoires de Richelieu*, Con Michaud et Poujoulat, I, 161 ; Brantôme,

C'est de la Morée et plus particulièrement du Magne que partit l'appel adressé au duc de Nevers. Bornée au Nord par la Messénie, le Taygete et la vallée de Lacédémone, à l'Ouest par le golfe de Coron ou de Messénie, à l'Est par celui de Laconie, terminée au Sud par le cap Matapan, la presqu'île du Magne, longue de soixante kilomètres, large à sa base de vingt-cinq à trente, avait, grâce aux montagnes qui la séparent du reste de la Morée et à son littoral escarpé et inhospitalier, échappé à la domination turque. Elle renfermait une population qui unissait à des vertus patriarcales les vices qui en sont l'accompagnement ordinaire ; les attentats contre la propriété y étaient fréquents, l'habitude de se faire justice soi-même, la pratique de la vendette y étaient constantes. Aux violences du régime patriarcal le régime féodal était venu ajouter les siennes en faisant de tous les fortins (πύργοι) dont les montagnes étaient hérissées, autant d'asiles d'une indépendance sans frein. S'il faut en croire les voyageurs modernes, les Maniotes de notre temps rappellent beaucoup leurs ancêtres. Quoi qu'il en soit, à l'époque qui nous occupe, la population maniote en état de porter les armes était de dix à douze mille hommes, de quinze mille d'après un autre recensement, c'est-à-dire assez supérieure au chiffre de palikares constaté en 1813 [1]. En 1609, ces montagnards et leurs voisins de la plaine, qui payaient tribut aux Turcs, envoyèrent à Charles de Gonzague deux archevêques et trois évêques pour lui demander de se mettre à la tête du soulèvement auquel ils étaient résolus, s'entendre avec lui au sujet d'une action commune et stipuler leurs intérêts, soit pendant la guerre d'indépendance, soit l'indépendance une fois conquise. Des prêtres, c'étaient bien là les représentants naturels d'une population pour qui la religion était la meilleure sauvegarde de la nationalité, le seul titre à l'autonomie dans ses rapports avec ses maîtres. Ce qu'ils

Les Grands capit. franç. Louis de Nevers, éd. Lalanne, IV, 387-88; Anquez, *Hist. des assemblées politiques des protestants*, p. 383; Panégyrique funèbre de Ch. de Gonzague, prononcé par Duchesne, 1638 ; Berger de Xivrey, *Mémoire sur une tentative d'insurrection organisée dans la Magne de 1612 à 1619, au nom du duc de Nevers ;* Siri, V, 408 ; Villermont, *Ernest de Mansfeld*, II, 82-95.

[1] Buchon, *Nouvelles recherches historiques sur la principauté française de Morée ;* Vivien de Saint-Martin, *Dictionnaire de géographie,* V° MAGNE.

venaient demander à l'Occident, au nom de leurs compatriotes, c'étaient non seulement des soldats, mais des armes, des cadres, des instructeurs, des ouvriers militaires ; ils promettaient que, moyennant cet appui, la Morée serait purgée du mahométisme. Mais ils n'avaient pas reçu seulement le mandat d'obtenir cet appui, ils avaient à s'occuper aussi de la situation des Grecs lorsqu'ils jouiraient de l'indépendance, à poser les conditions auxquelles la souveraineté du duc de Nevers serait acceptée. Ils stipulaient la restitution de toutes les propriétés dont les Turcs les avaient dépouillés, l'exemption de tout autre impôt que des droits sur l'entrée, la circulation et la vente des marchandises, la réédification des monastères en ruine, la construction et la dotation d'hôpitaux pour les indigènes ou les étrangers blessés dans la guerre, le rétablissement des collèges, des séminaires et des écoles supérieures pour préparer au ministère sacré et aux fonctions judiciaires, l'institution de cours de justice analogues à celles de France. Ainsi, il est intéressant de le remarquer, ce n'était pas seulement aux armes de la France que les Grecs avaient recours, c'était aussi un peu sa civilisation qu'ils aspiraient à implanter sur leur sol en même temps qu'ils y feraient renaître la civilisation nationale. Ces clephtes et ses armatoles se souvenaient qu'ils étaient les descendants des Spartiates et des Messéniens ; maintenant confondus dans la même infortune, ils ne comprenaient pas le régime d'indépendance qu'ils rêvaient sans établissements d'instruction, pas plus qu'ils ne le concevaient avec des impôts ; à leur futur libérateur ils demandaient des garanties. Ils lui demandaient aussi un secours de quinze mille hommes armés et équipés. Heureux de combattre à leurs frais pour l'indépendance de leur patrie, ils prétendaient, au cas où le duc voudrait les employer à un plus vaste dessein, jouir de la solde et des autres avantages assurés aux autres soldats enrôlés par lui. Les biens confisqués sur les Juifs, les marchandises de grande valeur, les armes, les munitions, les approvisionnements de vivre, les chevaux, le bétail, tout ce qui pouvait servir à la guerre, devait être mis à sa disposition. Les Maniotes étaient disposés à reconnaître l'Église romaine, à se laisser instruire par des religieux catholiques, particulièrement par des capucins[1].

[1] Mémoire du duc de Nevers au roi Philippe III, et projet de traité entre le duc et les Maniotes, dans Buchon.

Leurs émissaires avaient-ils rendu fidèlement leurs sentiments et leurs dispositions ? Les circonstances étaient-elles aussi favorables qu'ils le disaient à une insurrection ? Si le caractère de ces émissaires, si les détails dans lesquels ils entraient, garantissaient leur véracité, ils pouvaient être suspects d'illusion. Le duc de Nevers envoya en Grèce trois gentilshommes pour le renseigner sur le véritable état des choses. Ces agents constatèrent la vérité de tout ce que les évêques avaient dit, rapportèrent les engagements signés et scellés des principaux notables du Magne, reçurent leurs serments, ramenèrent des otages. Ils avaient aussi traversé le pays dans tous les sens, reconnu les points fortifiés occupés par les Turcs, les passages, les lieux favorables à un débarquement, les centres d'approvisionnement; ils avaient pratiqué partout des intelligences, convenu de rendez-vous et de signaux. Enfin ils avaient arrêté avec les chefs des principales familles, sur les bases proposées par les émissaires des Grecs, les conditions d'une action commune et les droits des parties. Dès l'arrivée de l'armée chrétienne, les Maniotes devaient se diviser en trois troupes : l'une s'emparait de Coron, l'autre de Mistra (anciennement Lacédémone), une partie de la troisième se fortifiait dans une place qui n'est pas nommée dans le plan d'opération, mais qui est indiquée comme située sur le cap Matapan et commandant Porto-Quaglio et Porto-Marinari, l'autre partie s'établissait à Kolokythia, sur le golfe de ce nom. L'occupation de ces points était évidemment destinée à assurer le débarquement de l'armée chrétienne. Puis, à un signal convenu, les Grecs, conduits par leurs chefs féodaux, par leurs évêques et leurs *papas*, massacraient les Turcs disséminés dans toute la Morée, s'emparaient de leurs armes et de leurs chevaux et se réunissaient au nombre de huit ou neuf mille au rendez-vous fixé. Les insurgés promettaient de fournir soixante mille hommes ; ces hommes se rendraient par des sentiers inaccessibles pour d'autres que pour eux aux lieux de rassemblement, où ils recevraient les armes apportées par le duc de Nevers. Celui-ci, de son côté, promettait d'amener quinze mille hommes armés et équipés, de fournir des armes, des munitions, les ouvriers et les outils dont une armée a besoin. Tel était le plan d'opération. Quant aux droits des parties, ils étaient réglés conformément au projet proposé par les émissaires grecs. Tout cela était consigné dans des articles signés, d'une part, par les représentants du duc de Nevers et, de l'autre, par les principaux chefs féodaux et les principaux membres du clergé [1].

Les troubles qui agitèrent la France depuis le commencement de 1614, et auxquels le duc de Nevers prit une part active, le détournèrent de son dessein. Il y revint, quand le traité de Sainte-Menehould (16 mai) eut rétabli pour un temps l'accord entre la royauté et les grands révoltés. Il renvoya en Morée de nouveaux agents qui trouvèrent la population dans les mêmes dispositions. Ces agents ne se bornèrent pas à entretenir ces dispositions, à confirmer le pacte conclu entre leur maître et les Grecs, ils étendirent leur propagande dans la population slave. Introduits dans ce milieu nouveau par deux Grecs influents, ils revinrent par terre en visitant sur leur route les évêques et les notables de Macédoine, de Serbie, d'Albanie, de Dalmatie et de Croatie. Ils rencontrèrent chez tous le désir passionné de l'indépendance, un parfait concert et reconnurent qu'il ne leur manquait que des armes pour pouvoir former un corps de soixante-dix mille hommes résolus. Leurs hôtes leur promirent de réunir, sous prétexte de s'occuper des intérêts de leur église, une assemblée d'évêques qui fonderait parmi leurs compatriotes une association et enverrait des délégués au duc de Nevers. Cette assemblée eut lieu le 18 septembre 1614 à Cucci, dans la haute Albanie. Son objet apparent était de délibérer au sujet d'une taxe vexatoire que les pachas voulaient mettre sur le clergé. Le patriarche de Serbie et les personnages importants de l'Albanie supérieure, de la Bosnie, de la Macédoine, de la Bulgarie, de la Serbie, de l'Herzégovine et de la Dalmatie s'y rencontrèrent. On y ébaucha un plan d'insurrection qui ne tendait à rien moins qu'à conduire en huit mois les insurgés à Constantinople. Des armes devaient être introduites dans les montagnes du Monténégro et de Khimara, qui confinent au littoral et étaient restées indépendantes, une partie en serait distribuée dans les tribus montagnardes et catholiques des Duccagini, des Piperi, des Klementi, des Cucci, des Versevo et des Bielopolie, affranchies depuis trente ans de la domination du grand seigneur.

[1] Mémoire précité du duc de Nevers.

On estimait à trente mille le nombre de soldats que cette région pourrait fournir. A ces trente mille soldats levés sur place s'en joindraient douze mille autres qui, sortant des pays limitrophes, Serbie, Herzégovine, Macédoine, Albanie et Bosnie, pénétrant par petits groupes dans les montagnes du littoral, s'y trouveraient réunis au moment où éclaterait l'insurrection. Ces forces se sépareraient ensuite pour opérer dans des directions différentes. Les Khimariotes s'empareraient par surprise de la ville et du château de la Vallone. La tribu des Duccaginni occuperait Kroia (Ac-Hissar), dont les fortifications tombaient en ruine. Un autre corps marcherait sur Scutari où l'on avait des intelligences, pendant que les Monténégrins, également favorisés par des intelligences avec les chrétiens, emporteraient Castel-Novo. Ces coups de mains devaient provoquer le soulèvement des pays que nous avons énumérés; isolés au milieu des chrétiens, vingt fois plus nombreux, les Turcs seraient facilement taillés en pièces. Les volontaires de ces divers pays feraient leur jonction à Scoppia avec les montagnards qui avaient donné le signal du mouvement, et leurs forces réunies, formant un ensemble de cent-vingt mille hommes, marcheraient sur Andrinople, en se grossissant dans leur passage à travers des pays amis. On comptait sur l'assistance des waivodes de Valachie et de Moldavie ; ils étaient catholiques et grecs, et on avait traité avec eux par l'intermédiaire de l'archevêque de Valachie. On espérait dans huit mois être maître de Constantinople ; d'une part, en effet, on ne devait rencontrer en chemin aucune place forte, sauf sur les confins de la Hongrie et de la Croatie, et celles-là, on les laisserait derrière soi, dans la pensée que l'empereur et l'archiduc Ferdinand s'empresseraient de conquérir ces deux pays ; de l'autre, l'insurrection aurait lieu au mois d'octobre, c'est-à-dire à une époque où les Turcs étaient désarmés en Europe et ne pourraient guère lui opposer leurs troupes d'Asie avant six mois. L'assemblée résolut d'émettre, pour l'usage de l'armée, une monnaie de bas titre et d'affecter au trésor royal, c'est-à-dire au duc de Nevers, le produit des dépouilles des Turcs et des Juifs [1].

Malgré la confiance dont témoigne un pareil plan, en dépit des preuves de dévouement qu'il recevait de la Grèce, Charles de

[1] Compte rendu de l'assemblée de Cucci dans Buchon.

Gonzague n'avait jamais considéré les ressources de l'insurrection ni celles qu'y ajouterait une armée de volontaires européens comme suffisantes pour exécuter une entreprise bien vaste encore, même s'il avait voulu la réduire à l'affranchissement du Péloponèse. Né du recours d'une nationalité opprimée à un prince qui représentait son ancienne indépendance et son ancienne grandeur, ce projet d'émancipation nationale devait presque immédiatement, par l'appel aux puissances chrétiennes, se transformer en un projet de croisade et prendre par là une place dans la politique européenne. Parmi ces puissances, il y en avait deux qui devaient tout d'abord en être instruites et y être associées : c'étaient le Saint-Siège et l'Espagne. Aussi, tandis qu'il dissimulait encore son dessein au gouvernement de son pays [1], lié à la Turquie par des intérêts politiques et économiques, le duc s'en ouvrait au nonce et à l'ambassadeur d'Espagne, don Inigo de Cardeñas. Plein d'espérance du côté de Rome et de Madrid, croyant pouvoir compter sur le grand duc de Toscane, sur les ducs de Savoie, de Mantoue et de Modène [2], sur l'électeur de Cologne, il résolut de se rendre en Espagne, en Italie et en Allemagne pour faire aboutir ces dispositions favorables à des engagements positifs et à une ligue aussi étendue que possible. Des circonstances que nous ignorons l'empêchèrent d'aller en Espagne, mais en 1612 et 1613 on constate sa présence à Rome, à Florence et à Ratisbonne, où la diète était réunie. Partout il recueillit des encouragements et des promesses, partout aussi ces promesses furent subordonnées à l'adhésion et à la participation du roi catholique [3].

Il n'en coûtait nullement à Charles de Gonzague d'admettre cette nécessité. Sa conduite le témoignait assez. Non content de faire de l'ambassadeur d'Espagne son premier confident, il poussait à une descente des Espagnols en Afrique. Dans cette opération, à laquelle Henri IV s'était opposé [4], il ne voulait voir qu'une diversion utile à son entreprise, et l'Espagne était si persuadée de ne plus rencontrer à Paris le même obstacle, qu'elle

[1] Ubaldini à Borghèse. Paris, 12 mai 1611. *Inédit.*
[2] Le même au même. Paris, 5 juillet 1612. *Inédit.*
[3] Le même au même. Paris. 5 juillet 1612, 29 janvier et 14 mars 1613. Avvisi d'Ubaldini. Paris, 22 mai 1612. Mémoire du duc de Nevers à Philippe III. Inigo dè Cardeñas à Philippe III. Paris, 7 octobre 1613. *Inédit.*
[4] Ubaldini à Borghèse. Paris, 27 mars 1608. *Inédit.*

méditait une expédition contre Alger [1]. Il était décidé, si, conformément à sa conviction, la France ne se souciait pas d'accepter ses conquêtes en Morée, à les céder à l'Espagne, qui en sentirait, au contraire, tout le prix, à cause du voisinage de Naples et de la Sicile [2]. Il offrait d'employer au profit de cette puissance, pour une entreprise quelconque favorable à la grandeur de la maison d'Autriche et à l'extension du catholicisme, l'armée qu'il espérait réunir et que, dans le principe, il destinait spécialement à la délivrance de la Grèce et à une attaque contre l'empire ottoman ; tant ses desseins étaient encore peu arrêtés, tant l'esprit d'aventure, tant le désir de servir n'importe comment la cause du catholicisme en Europe, y avaient de part !... Dans ses offres de service il réservait, toutefois, le cas où il ne pourrait les réaliser sans devenir l'adversaire de son roi, mais il se hâtait d'ajouter que cette prévision était contraire à toutes les vraisemblances, que l'harmonie entre les deux gouvernements était inébranlable et que l'influence de l'Espagne pourrait même entraîner la France, déjà favorablement disposée. Nul doute que l'entreprise n'ait souffert du vague dans les desseins, de l'inconsistance dans les vues qui se trahissent ici chez son chef.

La rencontre du Père Joseph et du duc de Nevers à Loudun, leurs communs efforts pour faire déposer les armes aux princes révoltés et conjurer un conflit de la France avec la papauté [4], inaugurent une nouvelle phase dans le projet que nous étudions. Non que ces circonstances lui aient donné, comme on l'a dit [5], une portée européenne en ce sens qu'elles l'auraient introduit dans les conseils de l'Europe, on vient de voir que Charles de Gonzague en avait déjà saisi certains États. Ce qui est vrai, c'est que l'intervention du Père Joseph décida la France, à qui le chef de la future croisade n'avait révélé que tardivement ses desseins, et à qui il n'avait attribué dans leur exécution qu'un rôle secondaire, à prendre, sinon en apparence, du moins en fait, l'initiative de l'affaire et le Saint-Siège à en accepter la

[1] Ubaldini à Borghèse. Paris, mars 1611. *Inédit.*

[2] Dép. précitée d'Ubaldini. 12 mai 1611.

[3] Voy. *La jeunesse du P. Joseph et son rôle dans la pacification de Loudun.*

[4] Berger de Xivrey, *Mémoire sur une tentative d'insurrection organisée dans le Magne de 1612 à 1619, au nom du duc de Nevers.*

direction ostensible. Les conférences de Loudun furent l'occasion d'une sorte de pacte conclu, sous les auspices du Père Joseph, entre Charles de Gonzague et Richelieu ; ce pacte reposait sur l'engagement du premier de persévérer dans son dévouement au gouvernement de la régente et de favoriser l'entrée de l'évêque de Luçon aux affaires, sur l'engagement du second de servir auprès de Marie de Médicis les hautes visées du duc, de leur assurer l'appui du gouvernement.

Les fréquentes entrevues du prince et du capucin, l'influence réciproque de ces deux hommes s'exaltant l'un l'autre dans les sentiments que leur inspirait l'état de la chrétienté, l'entente ménagée par le second, donnèrent une vive impulsion à leurs communs desseins sur l'Orient. Le départ du duc de Nevers pour Prague fut résolu. La France n'avait pas encore fait porter à l'empereur Mathias ni ses félicitations sur son avènement, ni la notification de la double alliance qui, en unissant les deux familles royales de France et d'Espagne, semblait être le symbole et le gage du concert des deux pays. En même temps qu'il remplirait ce devoir de courtoisie internationale, Charles devait chercher à pacifier le différend qui s'était élevé entre Venise et l'archiduc Ferdinand au sujet des Uscoques et où l'empereur avait pris parti, enfin il était autorisé à se servir du nom du roi pour solliciter l'adhésion et le concours de Mathias, du roi de Pologne et des princes d'Allemagne à ses desseins contre les Turcs [1]. Il y avait là pour lui une mission honorable et une sanction officielle donnée à ses aspirations, pour le gouvernement l'avantage d'éloigner un personnage puissant, ombrageux, dangereux par son activité et son ambition et dont la récente attitude ne rassurait pas sur la conduite future. En même temps qu'il recevait cette mission, il réglait l'effectif d'hommes de pied et de cheval qui devaient composer le corps expéditionnaire et ses frais de recrutement, d'armement, de nourriture et de transport par terre et par mer [2].

[1] Contarini au doge. Tours, 20 avril 1616. Lettres de créance du duc de Nevers, 1616. Résumé de la correspondance de Monteleone du 4 au 20 août 1616. Bon et Gussoni au doge, 24 sept. 1616. *Inédit.*

[2] Le duc de Nevers comptait lever 7,200 fantassins répartis en vingt-quatre régiments à cinq compagnies de soixante hommes chacune y compris les cadres. Cette infanterie devait être groupée en brigades de quatre régiments placées sous le commandement d'un colonel. La cavalerie, com-

Malheureusement le sort inévitable de ce grand dessein était de subir le contre-coup des mouvements intérieurs de la France et des événements qui menaçaient la paix européenne. Au moment où le duc de Nevers allait franchir la frontière, la nouvelle de l'arrestation de Condé (1er septembre 1616) vint empêcher son départ ; les méfiances à peine assoupies se réveillèrent ; le prince, se cantonnant dans son gouvernement de Champagne, y leva des troupes et y fortifia ses places. Toutefois, ces préoccupations nouvelles ne diminuaient pas à ses yeux l'importance de son projet favori. Quand la régente lui envoya l'évêque de Luçon afin de le ramener à l'obéissance, celui-ci se servit beaucoup, pour y réussir, de l'espoir d'obtenir de Marie de Médicis des hommes et de l'argent pour son entreprise, et il fit un grand effort pour l'y engager en la lui présentant comme ayant des chances de succès [1]. Cette perspective ne fut pas ce qui contribua le moins au revirement pacifique dont Richelieu croyait pouvoir se féliciter [2]. Richelieu se trompait ; le duc, au contraire, entra bientôt, pour y rester jusqu'à la mort du maréchal d'Ancre, en état de révolte ouverte.

Ce n'est pas seulement en autorisant le duc de Nevers à se prévaloir en Allemagne de l'approbation accordée à son dessein que le gouvernement de la régente avait rempli les engagements contractés à Loudun. Peu de temps après la conclusion du traité signé dans cette ville, le Père Joseph était parti pour Rome, où l'appelaient les deux grandes œuvres qui avaient réclamé jusque-

posée de trois régiments, devait compter mille chevaux. Les soixante compagnies d'infanterie seraient recrutées et embarquées moitié sur le littoral de la Méditerranée, moitié sur le littoral de l'Océan. Pour la première moitié, les frais de levée, d'armement, de nourriture, d'embarquement et de transport étaient calculés à raison de 2685 livres par compagnie soit 161,100 livres pour l'ensemble ; pour la seconde, la durée du voyage, plus long d'un mois, élevait les frais à 231,300 livres. Ces mêmes dépenses étaient calculées pour la cavalerie à la somme de 177,750 livres, auxquelles il fallait ajouter 200,000 livres pour l'achat de mille carabines, c'était donc pour lesdeux armes une somme totale de 600,000 livres. Avec la dépense pour l'armement et les munitions de guerre on arrivait à un total général de 800,000 livres. Dans l'état qui nous fournit ces chiffres (Loudun, 24 mars 1616) la destination des troupes est à dessein passée sous silence, mais l'époque de l'expédition est fixée à l'automne de 1616 et il n'est question que de transport maritime.

[1] Avenel, VII, 321-325.

[2] Richelieu à Charles du Tremblay, non datée. Archives du château du Tremblay.

là la meilleure part de son activité : les missions de Poitou et la fondation d'une congrégation réformée de l'ordre de Saint-Benoît. Il parut désigné pour annoncer au pape que la France s'appropriait le projet du duc de Nevers et pour obtenir, en faveur de ce projet, le patronage du Saint-Siège et la participation de certains princes italiens. Tel était l'objet principal de la mission que lui confiaient Marie de Médicis et Charles de Gonzague ; elle comprenait aussi la tâche d'intéresser le Saint-Père et ces mêmes princes à la conservation des droits éventuels du duc de Nevers à la succession de Mantoue, convoitée par le duc de Savoie. Enfin le prince de Condé l'avait chargé de dissiper la mauvaise impression produite sur la curie par sa récente alliance avec les protestants, de faire connaître ses vrais sentiments, ses nouvelles intentions [1].

Après avoir été à Gênes soumettre au général de son ordre ses vues sur les fondations religieuses qui l'occupaient [2], le Père Joseph arriva à Rome dans la seconde moitié du mois de juin 1616. Précédé par la réputation que lui avait faite son interven-

[1] Borghèse à Ubaldini, 23 juin 1616. *Inédit.* Paul V au duc de Nevers, 4 juillet 1616.

[2] Lepré Balain, *Vie ms. du Père Joseph.* L'autorité de Lepré Balain est si souvent invoquée dans nos études sur le Père Joseph qu'en attendant la publication de l'examen général et comparé des sources de notre travail, nous devons dire quelques mots d'un historien dont les écrits et le nom même étaient ignorés avant nous. De sa personne nous nous contenterons, pour le moment, de dire qu'il appartenait par sa famille à l'Anjou et par sa position sociale à l'Eglise. Son œuvre historique se compose de deux ouvrages, dont nous nous sommes également servi : une biographie du Père Joseph et un supplément à l'histoire de France de 1624 à 1638. Ces deux ouvrages ont été composés d'après les papiers du Père Joseph. Le second n'est pas resté complètement inconnu. C'est, en effet, un fragment de cet ouvrage que, sans le savoir, Léopold Ranke signalait dès 1849 à l'Académie des sciences morales et politiques, et sur lequel, longtemps après, en 1878, M. Parmentier revenait pour combattre l'origine que le grand historien lui avait attribuée et pour lui en assigner une autre tout à fait fantaisiste. Les personnes qui s'intéressent à l'histoire du XVIIe siècle n'ont peut-être pas oublié que la thèse de M. Parmentier souleva une discussion qui attira en son temps l'attention du public savant et à laquelle prirent part diverses personnes, notamment M. Gabriel Hanotaux et moi. S'il ne pouvait subsister le moindre doute sur le caractère de cet écrit, au sujet duquel Ranke ne s'était pas trompé, il restait à en rechercher l'auteur et une rédaction intégrale. La découverte du manuscrit complet, original et autographe nous permet d'affirmer que le *supplément* comme la biographie est l'œuvre de Lepré Balain, qui renvoie d'ailleurs constamment de l'un à l'autre.

tion zélée et efficace dans les négociations de Loudun, accrédité comme l'homme de confiance de la reine-mère, du premier prince du sang, d'un des plus grands seigneurs du royaume[1], retrouvant peut-être dans la ville éternelle quelques-uns des prélats à qui, dix ans auparavant, il était venu demander des leçons de politique et de diplomatie, le Père Joseph ne pouvait être que fort bien accueilli par le Pape et la curie[2]. Il intéressa Paul V par le récit détaillé des difficultés qui, pendant plusieurs jours, avaient tenu en suspens la bonne harmonie de la France et de la papauté[3]. Abordant ensuite l'objet principal de sa mission, il commença par présenter le projet de croisade comme une œuvre de Dieu et par invoquer en sa faveur les révélations et les visions dont il avait été favorisé, particulièrement pendant le saint sacrifice, puis, passant aux considérations humaines, il montra les avantages de l'entreprise au point de vue de la paix européenne.

Le dessein dont le Père Joseph venait entretenir le Souverain Pontife ne pouvait soulever de la part de celui-ci aucune objection de principe. Il n'aurait pu le repousser *a priori* sans se mettre en contradiction avec les traditions du Saint-Siège ni avec l'attitude prise par son représentant à Paris. Aussi le cardinal-neveu, Scipion Borghèse, se félicitait de voir, en pareille matière, l'initiative partir du pays qui, dans d'autres temps, avait été le principal obstacle[4]. Mais, pour prendre l'affaire entièrement à cœur, pour créer, en sa faveur, un puissant mouvement européen, Paul V n'était pas le pape qu'on pouvait souhaiter. Ayant surtout apporté dans la chaire de Saint-Pierre des préoccupations de juriste et d'administrateur, il visait principalement, tout en sacrifiant au népotisme, à faire jouir ses sujets d'une ad-

[1] « Es persona de mucha autoridad en este reyno ansy por muchos deudos suyos como por tener por su muger toda la casa de Guisa, tiene... el cargo de general de toda la cavalleria francessa con que es dueño de los soldados y aun de la mayor parte de la noblessa... » Inigo de Cardeñas au roi cath. Paris, 7 oct. 1613. *Inédit.* « Il duca di Nivers... havendo in Francia venticinque o trenta castilli murati et assai ben ridotti... » Zorzi au doge. Paris, 14 janv. 1627. *Inédit.*

[2] « Il detto P. Giuseppe sara visto et accolto con ogni buon termine. » Borghese à Ubaldini. 23 juin 1616. *Inédit.*

[3] Cuncta enim diligenter et accurate nobis fr. J. exposuit. Paul V au duc de Nevers. 4 juillet 1616.

[4] Borghèse à Bentivoglio. 23 juin 1616. *Inédit.*

ministration ferme et équitable, à orner sa capitale de somptueux édifices et mettait dans ses rapports avec les princes de l'Europe, malgré la haute idée qu'il se faisait de ses devoirs apostoliques et des droits de l'Église, de la modération et même de la timidité, fruit en partie du grave et long conflit avec les Vénitiens qui avait inauguré son pontificat[1].

Le mobile surnaturel auquel le Père Joseph rapportait sa proposition éveilla les scrupules et la méfiance du Saint Père. On ne saurait s'en étonner, si l'on réfléchit que le principe d'autorité sur lequel est fondée l'Église catholique lui rend naturellement suspectes les inspirations individuelles, où d'autres églises cherchent une force. Le pape eut besoin de se rappeler la haute piété et l'humilité de son interlocuteur, les services qu'il avait rendus tout récemment encore à la foi et à l'Église, pour ne pas considérer les mouvements surnaturels invoqués par le Père Joseph comme des illusions de l'amour-propre. Il ne put cependant s'empêcher de tenir compte de l'opinion fort répandue qui, frappée par le zèle ardent et communicatif du capucin, croyait reconnaître en lui une « lumière intérieure. » Le pape avait raison de dire que le zèle ne suffisait pas pour faire réussir une pareille entreprise, mais notre ambassadeur Marquemont n'avait pas tort de lui répondre par l'exemple du « bon Pierre Lhermite[2], » qui reculait encore moins que le Père Joseph devant les difficultés, car, si les temps étaient changés, la foi et l'initiative étaient encore, comme elles le seront toujours, les conditions indispensables du succès. En déroutant par sa hardiesse et sa fougue l'esprit circonspect et terre à terre de Paul V, le Père Joseph lui imposa par l'autorité que l'habitude de la vie méditative, la connaissance intime des hommes et des choses de France donnaient à sa personne et à son langage : le pape se sentit en face d'un apôtre doublé d'un politique, en présence d'un homme possédé par un démon aussi séduisant qu'inquiétant. Aussi n'obéissait-il pas simplement au désir de faire plaisir

[1] Ameyden, *Elogia summ. pontificum et card. S. R. E. suo ævo defunctorum* ; Ranke, *Röm. Päpste* ; II, 211-213, 288, 294, *Mém. de Richelieu*, I, 256 ; Dépêches de M. de Breves dans Perrens, *Les Mariages espagnols*, p. 31.

[2] Marquemont au roi. Rome, 2 mai 1618. *Inédit.*

au duc de Nevers quand il lui exprimait le vif plaisir qu'il avait goûté dans les entretiens de son envoyé [1].

Quand celui-ci descendait du domaine surnaturel où il s'était d'abord placé, pour envisager le projet dans ses rapports avec la situation européenne, il trouvait le pape mieux préparé à le comprendre. Toutefois cette situation, telle qu'elle apparaissait aux yeux de Paul V, ne présentait que des obstacles.

N'ayant pu se faire payer les *mois romains* que la majorité de la diète de Ratisbonne (1613) lui avait accordés contre les Turcs, l'empereur Mathias avait dû faire avec eux une trêve d'un an (1615). Rien ne permettait d'espérer une entente entre le parti catholique et le parti protestant au sujet de l'interprétation et de l'exécution de la paix d'Augsbourg. L'empereur n'avait pas d'enfant, et ses frères les archiducs Maximilien et Albert avaient, dans l'intérêt de leur maison, renoncé à leurs droits en faveur de leur cousin, l'archiduc Ferdinand de Styrie, représentant d'une branche cadette. Mais leur désintéressement et les efforts de Maximilien, qui avait obtenu pour Ferdinand l'appui des électeurs catholiques et de l'électeur de Saxe, n'avaient pas réussi à assurer le règlement incontesté et définitif de la succession impériale, d'abord à cause des prétentions élevées par Philippe III pour prix de sa renonciation aux droits qu'il tenait de sa mère, puis par suite de la mauvaise volonté du ministre tout-puissant de l'empereur, le cardinal Khlesl, qui reculait la désignation de l'héritier de l'empire pour faire durer plus longtemps son autorité. En admettant l'aplanissement de ces difficultés de famille, restaient les troubles et les compétitions dont l'avènement de Ferdinand pouvait être le signal, car cet avènement était considéré par tout le monde comme une victoire pour le catholicisme militant, comme une menace pour les dissidents. Aussi leur chef, l'électeur palatin, se remuait activement pour lui opposer un autre candidat [2].

Si alarmante que fut la situation de l'Allemagne, celle de l'Italie touchait le pape plus directement et le préoccupait plus vivement encore. Ici il ne s'agissait pas d'un conflit possible, mais d'un double conflit actuellement déchaîné à la porte des

[1] Paul V au duc de Nevers, 4 juillet 1616.
[2] Gindely, *Geschichte des dreissigjährigen krieges* I, 15-47.

Etats de l'Eglise, et ce double conflit, qui ne semblait mettre en jeu que la succession du Montferrat et la suprématie de Venise dans l'Adriatique, était en réalité un épisode de la lutte de la maison d'Autriche et des Etats qui cherchaient à défendre contre elle leur indépendance.

Aux craintes et aux objections inspirées par ces circonstances que pouvait répondre le Père Joseph ? Il s'appliqua à réduire à leur juste valeur ces sujets d'inquiétude et à montrer pourquoi ils ne pouvaient ébranler l'impression rassurante qui dominait chez lui. Fallait-il attendre, pour tenter l'entreprise, le moment où l'état de l'Europe justifierait une sécurité sans mélange ? Autant dire qu'on ne la tenterait jamais. La crise européenne était aiguë et le danger qu'elle recélait était réel, mais tout le monde avait le sentiment de ce danger et ce sentiment refroidissait les plus ardents. Le chef de l'opposition contre la maison d'Autriche, l'électeur palatin n'avait pas d'autre appui en Europe que des sympathies éparses et stériles. L'hostilité qu'il cherchait à fomenter n'aurait pu devenir redoutable que si une puissance militaire s'en était faite le centre et le chef. Cette puissance, qui s'appellera un jour le Danemark, puis la Suède et enfin la France, elle était désignée par l'opinion, par le rôle que Henri IV lui avait préparé. Mais la France soutenait la candidature de l'archiduc Ferdinand et n'était guidée dans la question de la succession impériale que par deux intérêts : la transmission paisible de l'empire dans la maison d'Autriche et la renonciation des Espagnols à leurs prétentions sur la Hongrie et la Bohême. Quant aux Habsbourgs d'Espagne, ce n'était pas seulement de la bienveillance qu'ils rencontraient à Paris, c'était de la déférence et de la cordialité. Le Père Joseph insista beaucoup sur les relations de son pays avec l'empire et le roi catholique ; elles formaient, en effet, le trait le plus nouveau et le plus important de la situation, et il était à même d'en parler avec autorité et abondance. Il avait été le confident des sentiments et des vues qui dirigeaient la politique actuelle de la France ; lui-même les partageait et, non content de les partager, il y ajoutait le désir de les faire aboutir à une action commune au profit de la cause catholique. La meilleure preuve de la sincérité et de la solidité de cette politique, c'était la proposition qu'il était chargé de faire au Saint-Père. Grâce à l'appui moral de notre pays, les Habsbourgs devaient vraisemblablement assurer la transmission pacifique des couronnes de Mathias à l'héritier qu'ils avaient désigné et ils pourraient dès lors songer à une entreprise de nature à les affranchir des perpétuelles alarmes que les Turcs faisaient peser sur eux.

Ce n'était pas seulement l'accord si nouveau de la France et de la maison d'Autriche qui donnait de l'opportunité au projet ; l'état critique de l'Europe, qu'on opposait au Père Joseph, devenait dans sa bouche un argument de plus. Assurément la perspective d'une *croisade* ne pouvait suffire pour résoudre à l'amiable les questions qui menaçaient la paix européenne, mais l'animosité que ces questions soulevaient était singulièrement aggravée par le malaise moral dont souffrait la société à la veille de la guerre de trente ans et par l'existence d'une classe nombreuse de gens d'épée sans emploi, intéressés à tout pousser aux extrémités. C'était le moment où un Gonzague, un Montmorency, un Lorraine, un Vendôme et nombre de gentilshommes de moins haut rang, las d'intrigues mesquines, de factions sans grandeur, s'offraient au duc de Savoie, à la sérénissime république, au roi catholique pour leur recruter et leur conduire des soldats ; c'était le moment où la noblesse française s'enrôlait en foule sous les drapeaux de Lesdiguières pour aller défendre Charles-Emmanuel. Ce dégoût du présent, cette aspiration vers un meilleur avenir, ce besoin d'activité guerrière pouvaient trouver leur soulagement et leur satisfaction dans un grand mouvement européen contre l'islamisme. De même que, dans le monde physique, une force peut se transformer en une autre force, de même, dans l'ordre social, il arrive maintes fois qu'un courant puissant change de direction, qu'une crise révotionnaire, par exemple, aboutit à une guerre, un mouvement religieux à une révolution politique. La fièvre qui travaillait l'Europe et qui paraissait devoir éclater sous la forme d'une lutte entre les communions et les nationalités chrétiennes, pouvait aussi se manifester sous la forme d'une marche offensive de l'Occident contre l'Orient. Cette perspective, une fois qu'elle se serait emparée des imaginations et qu'elle aurait parlé aux convoitises, devait fournir un dérivatif immédiat aux ferments qui couvaient dans une grande partie du continent européen.

Mais si l'entente de la France et de la maison d'Autriche était capable d'imposer un désarmement aux ambitions et aux mécontentements dont l'Europe était agitée et de les faire tourner au profit de la chrétienté, que penser de la résistance que les Turcs étaient en état d'opposer à une coalition chrétienne ?

Pour l'empire des Osmanlis l'heure de la décadence avait suivi de près celle de l'apogée. A Selim Ier et à Soliman II avaient succédé des sultans à la fois incapables et féroces, sous lesquels le génie guerrier de l'Islam n'avait brillé que d'un éclat intermittent. Organisé pour la conquête, cet empire devait dépérir le jour où il ne pourrait plus s'accroître. Sa vaste étendue, qui le mettait en contact avec d'irréconciliables ennemis, divisait ses forces. La féodalité militaire (janissaires et sipahis), à laquelle il avait dû ses succès, était, comme tout le reste, dénaturée par la faveur et devenait aussi dangereuse pour ses maîtres que pour l'ennemi. Le traité de Sitvatorok (1606) avait mis fin à la suzeraineté que les sultans s'attribuaient sur les empereurs, affranchi de leur dépendance la Transylvanie et une partie de la Hongrie. Au moment où le Père Joseph se trouvait à Rome, la Porte poursuivait contre la Perse une campagne infructueuse, et le seul événement qui pût la consoler de son abaissement en face de ses ennemis d'Europe et d'Asie, était la victoire à la suite de laquelle elle avait replacé sur le trône de Moldavie, Etienne Thomsa, qui en avait été chassé par les Cosaques. L'opportunité de l'entreprise paraissait donc encore plus grande au point de vue de la faiblesse dans la résistance que du concert dans l'attaque [1].

En dépit de sa prudence et de sa préoccupation dominante pour l'administration intérieure, Paul V ne put s'empêcher d'être frappé par la façon dont le projet lui était présenté ; les chances que lui donnaient la faiblesse du Croissant et l'union des deux maisons dont la rivalité avait si longtemps troublé le monde, ne pouvaient être contestées ; il était difficile aussi de ne pas le considérer comme un remède ou, tout au moins, comme une diversion aux maux de la chrétienté, soit que la lutte contre l'islamisme rapprochât les diverses communions chrétiennes, soit qu'elle donnât au catholicisme un ascendant qui préparerait

[1] Hammer, *Histoire de l'empire ottoman*, trad. Hellert, t. VII et VIII ; Ranke, *Die Osmanen u. die Spanische Monarchie*.

son triomphe. Le souverain pontife ne put manquer aussi d'être séduit par la grandeur du rôle réservé à la papauté. Le Père Joseph se crut autorisé à écrire que Paul V était entièrement disposé à favoriser l'entreprise. Et en effet le cardinal Borghèse promettait que son oncle déployerait, pour la faire réussir, tout son zèle apostolique, en ajoutant qu'il espérait que ce zèle serait mieux récompensé que par le passé. Les nonces allaient recevoir la mission de la patroner auprès des gouvernements où ils étaient accrédités et, pour commencer, on envoyait à ceux de Bohême et de Pologne l'ordre de seconder les efforts du duc de Nevers dans ces deux pays.

En revenant en France, le Père Joseph s'arrêta à Florence et à Turin pour solliciter le concours du grand duc et du duc de Savoie. La marine toscane pouvait fournir un contingent important à une expédition maritime et ses fréquentes rencontres avec la marine ottomane, l'existence de l'ordre militaire de Saint-Etienne, spécialement fondé contre les Turcs [1], devaient rendre l'idée de croisade populaire dans les États du grand duc. Celui-ci, toutefois, ne prit aucun engagement, mais, en rendant hommage à des sentiments et à des desseins dont il était instruit depuis longtemps et dont le Père Joseph l'informa plus en détail, il consentit à les faire appuyer par son ambassadeur à la cour impériale [2]. Au duc de Savoie le capucin montra que les armements qui alarmaient l'Italie pouvaient être brusquement tournés contre les infidèles [3]. En tout autre temps, l'humeur inquiète et aventureuse de Charles-Emmanuel, ses prétentions sur les royaumes de Chypre et de Jérusalem auraient pu le rendre docile aux exhortations du Père Joseph ; mais sa guerre malheureuse contre l'Espagne absorbait toutes ses préoccupations [4], et c'était pour l'Italie, c'était au profit des ambitions traditionnelles de sa maison sur Genève, Gênes, le Montferrat et le Milanais, qu'il réservait la liberté d'action que devait lui assurer sa paix avec son adversaire.

[1] Voy. notamment Brantôme, éd. Lalanne. *Grands capitaines étrangers : le grand Cosme de Médicis*, t. II, p. 18.

[2] La grande duchesse-mère de Toscane à Nevers. Florence, 22 juin 1616. Le grand duc au même. Florence, 25 juin 1616. *Inédit.*

[3] Borghèse à Bentivoglio. Rome, 13 juin 1617. *Inédit.*

[4] Charles-Emmanuel au pape, 10 avril 1618. *Inédit.*

En cherchant à obtenir pour les droits du duc de Nevers à la succession de Mantoue la garantie des souverains italiens, le Père Joseph ne cessait pas de s'occuper de l'affaire qui lui était à cœur, car il travaillait à assurer, dans le présent et dans l'avenir, la paix de l'Italie, condition indispensable de son concours. Le 2 juillet 1616, il faisait part à Villeroy [1] de l'intérêt que le grand duc, la grande duchesse et le pape prenaient aux droits de Charles de Gonzague ; les premiers allaient écrire en Bohême, en Pologne et en Bavière pour les faire reconnaître ; le pape conseillait au duc d'aller lui-même les défendre auprès de l'empereur.

Le Père Joseph quitta Rome vers la fête de Pâques (26 mars) de l'année 1617. Il retourna probablement dans les conditions où il était venu, c'est-à-dire à pied et à marches forcées [2]. Il aurait pu cependant voyager autrement, car l'obédience du procureur de son ordre, qui lui permettait d'aller en France, en Italie, en Allemagne et de retourner à Rome, devait comprendre aussi l'autorisation de voyager à cheval, comme l'obédience qui lui fut délivrée l'année suivante par le nonce Bentivoglio. Mais il ne suffisait pas au Père Joseph de ne jamais s'écarter de sa règle de sa propre autorité: il n'usait encore des dispenses qui lui étaient accordées que dans la mesure où cela était absolument nécessaire.

Ce fut pour tromper la longueur et la fatigue de la route qu'il composa son poème épique de la *Turciade*. Ce titre dit assez qu'on y trouvera, quand M. l'abbé Dedouvres, qui vient de le découvrir, l'aura livré au public, les aspirations et les espérances dont l'auteur était plein [3].

[1] Le P. Joseph à Villeroy, 2 juillet 1616. *Inédit.*

[2] « .... Tanto affretto per importantissime ragioni, che non m'è stato lecito riposarmi di Francia in qua apena un giorno correndo a piedi per i smisurati caldi... » Le P. Joseph au duc de Mantoue, 24 septembre [1616]. *Inédit.*

[3] *Le P. Joseph du Tremblay. Notice biographique d'après le sieur de Hautebresche. Essai bibliographique*, 1889, 47 p. C'est très probablement à la Barberine que M. l'abbé Dedouvres a fait cette découverte, car, dans son voyage à Rome en 1625, le P. Joseph offrit son poème au pape Urbain VIII, dont la bibliothèque est devenue cette bibliothèque Barberine, qui s'ouvre si discrètement aux savants, et où nous avons passé cependant tant d'heures fructueuses. La liste des ouvrages du P. Joseph, dressée par M. l'abbé Dedouvres, montre que la bonne fortune qui vient de lui échoir était méritée ; il ne lui reste plus qu'à la justifier encore davantage en y faisant participer le public.

Il était à la cour un peu avant le 7 juin 1617[1]. Il la trouvait dans une situation bien différente de celle où il l'avait laissée l'année précédente. Une révolution de palais[2] avait remplacé le favori de Marie de Médicis et ses créatures par le favori du roi et les anciens ministres de Henri IV, Villeroy, Jeannin, Puysieux. Richelieu qui, au sein des intrigues les plus mesquines, avait essayé de faire parler au pouvoir un langage plus fier, de lui faire prendre une attitude plus ferme, entraîné dans la disgrâce de la reine mère, avait suivi cette princesse à Blois et s'était retiré ensuite dans son diocèse. Le prince de Condé était en prison ; le duc de Nevers et les autres princes mécontents avaient obtenu l'oubli d'un passé dont ils étaient d'accord avec les nouveaux détenteurs du pouvoir pour faire peser toute la responsabilité sur la victime du coup d'État du 24 avril. Dans ce changement de personnes et, selon toute apparence, de système, il y avait pour le Père Joseph de quoi être déconcerté ; il ne le fut pas. Le projet qu'il avait été servir en Italie et la politique qui y était liée n'étaient pas réellement atteints par la substitution d'une coterie nouvelle et de politiques expérimentés à la coterie de la reine mère. Avec des ministres comme Villeroy, Jeannin, Puysieux, on pouvait être sûr que l'esprit du gouvernement resterait espagnol ; quant au favori, en fait de politique, il n'en avait point d'autre que celle de consolider sa fortune, d'acquérir pour lui et les siens de grands établissements et d'empêcher le rapprochement du roi et de sa mère. Le retour du duc de Nevers à la cour ne pouvait que remettre en faveur une idée qui avait nécessairement souffert de son éloignement. Toute la question était de savoir si le nouveau gouvernement s'en tiendrait, dans ses rapports avec la maison d'Autriche, à la neutralité bienveillante du précédent, ou s'il irait jusqu'à une action commune avec elle. Comme avant son départ, le Père Joseph vit s'ouvrir devant lui toutes les portes : celles du roi, du favori, du conseil, celles de la Bastille même. Il trouva le moyen de communiquer avec le prince de Condé, qui y était renfermé, et le nonce le chargea de démentir auprès du prisonnier les bruits qui représentaient

[1] « E giunto qui il P. fr. Gioseppe... » Bentivoglio à Borghèse, 7 juin 1617. *Inédit.*

[2] Assassinat du maréchal d'Ancre, 24 avril.

son prédécesseur, Ubaldini, comme l'ayant desservi et de l'assurer de la bienveillance du Saint-Père [1].

Il n'avait pas à son retour perdu un moment pour rendre compte au roi et au conseil des dispositions où il avait laissé le souverain pontife, des fondements qu'il avait jetés pour l'exécution du projet. Le nonce admirait l'ardeur qu'il y déployait. Dans cette ardeur, il n'y avait ni illusion sur les difficultés de sa tâche, ni présomption sur son influence, mais un besoin de sa nature et une foi légitime dans la puissance de la conviction et de la raison. Il stimulait la curie, le 14 juillet il pressait le cardinal Borghèse de faire ouvrir officiellement par le nonce la négociation. Auprès du roi il invoquait des révélations qui désignaient celui-ci comme le futur libérateur des lieux saints, et le pieux monarque ouvrait une oreille crédule et ravie à ces exhortations et à ces prédictions. Il persuadait aussi le favori et son entourage. Non que ces esprits sans portée, ces cœurs sans courage fussent capables d'être séduits par les grands côtés de l'entreprise ni d'en affronter le péril, mais, au moment où l'anarchie intérieure et la situation troublée de l'Europe commençaient à l'embarrasser, le duc de Luynes était tenté par l'avantage de se défaire d'une noblesse remuante avec laquelle il allait avoir à compter. L'élément sérieux du gouvernement se montrait, au contraire, plus rebelle à la propagande du capucin [2]. Les vieux politiques, auxquels le favori était venu demander l'expérience et la considération qui lui manquaient, appartenaient à l'école des empiriques, qui n'est guère moins dangereuse que celle des doctrinaires ; capables de rendre les plus grands services quand ils étaient dirigés par un homme comme Henri IV, ils ne savaient, livrés à eux-mêmes, que louvoyer entre les écueils et gouverner au jour le jour [3]. Malgré leurs sympathies espagnoles, ils devaient hésiter à donner le coup de mort à l'alliance de la France et de l'empire ottoman, déjà si affaiblie, et à compromettre les intérêts économiques de leur pays en Orient,

[1] Dép. précitée de Bentivoglio à Borghèse, 7 juin 1617.

[2] Puysieux à Marquemont, 11 janv. 1618. [*Lisez :* 1619]. *Inédit.* Ubaldini à Borghèse, 22 avril 1613. *Inédit.*

[3] « ... timidité naturelle de... Villeroy, qui avoit toujours gouverné de sorte que, cedant aux orages, il s'etoit laissé plutôt conduire aux affaires qu'il ne les avoit conduites... » *Mém. de Richelieu,* I, p. 127.

et il faut avouer qu'il n'avaient pas tort, du moment où ils ne croyaient pas à ce prix acheter le dénouement de la crise européenne. Le nonce n'hésitait pas d'ailleurs à attribuer à l'intérêt la froideur de Villeroy, qui tirait un gros revenu de nos consulats du Levant, en quoi vraisemblablement il faisait tort à un ministre dont la réputation d'intégrité était bien établie [1]. Peut-être était-ce plutôt chez celui-ci jalousie de voir le chemin que pouvait faire, sous d'autres auspices que les siens, une idée qui était le développement d'une des siennes, car lui aussi, quelques années auparavant, s'efforçait d'amener la reine mère à proposer au pape une ligue entre le Saint-Siège, l'empereur, le roi catholique et le roi très chrétien pour la défense et la conservation du catholicisme. Cette ligue, il est vrai, devait être, dans sa pensée, purement religieuse [2] ; mais comment ne comprenait-il pas, ne fut-ce qu'en interrogeant ses souvenirs de vieux ligueur, qu'elle était fatalement destinée à devenir politique ?... Les objections de ce groupe ministériel, dont le chef allait bientôt disparaître [3], n'allaient pas d'ailleurs jusqu'à une hostilité déclarée : il reconnaissait que l'alliance de la France avec le Grand Seigneur semblait nous avoir porté malheur.

Malgré cette opposition plus ou moins dissimulée, le Père Joseph avait lieu de s'applaudir des résultats de la campagne qu'il venait de mener de concert avec le nonce et le duc de Nevers. Le roi avait solennellement approuvé l'initiative prise par ce dernier, chargé le duc de Monteleone, ambassadeur d'Espagne, de faire part de ses intentions au gouvernement de Madrid et prié le nonce Bentivoglio de les communiquer à ses collègues de Prague, de Varsovie et de Cologne. Il faisait les frais de la mission de deux agents de Charles de Gonzague, envoyés l'un en Allemagne et en Pologne, l'autre à Rome et en Grèce. Le premier s'appelait Olivier de Marconnet, le second Château renaud. Peu de temps auparavant, un autre émissaire cherchait à obtenir l'adhésion du duc de Bavière, des électeurs de Cologne, de Mayence et de Trèves, de l'archiduc Léopold et de la noblesse

1. Zorzi au doge. Paris 20 nov. 1617. *Inédit.*

2. « .... Se fatigaba mucho Villeroy per encaminar a la Regna propusiese al Papa una liga, etc.... puramente de religion y no de estados..... » Inigo de Cardeñas à Philippe III. Paris, 5 juin 1614. *Inédit.*

3. Villeroy mourut le 12 novembre 1617.

allemande de la région rhénane. Son nom nous est resté inconnu ; nous savons seulement qu'il avait été choisi de façon à trouver crédit auprès de ceux qu'il était chargé de gagner. Marconnet emportait des lettres de Bentivoglio pour ses collègues de Prague et de Varsovie et devait être secondé par d'obscurs auxiliaires, probablement recrutés par les soins du Père Joseph et au sein de son ordre [1].

Tout en cherchant à obtenir l'intérêt et l'appui des puissances catholiques, les promoteurs de l'entreprise devaient se préoccuper de créer et d'organiser des ressources pécuniaires et une force militaire indépendantes. C'était le meilleur moyen de rendre efficaces les appels qu'ils allaient adresser à l'Europe, car c'est toujours aux entreprises qui font preuve de vitalité et d'avenir que vont les secours du dehors. Nous avons déjà dit combien les circonstances étaient favorables au recrutement d'une armée de volontaires. L'Europe était encore ébranlée par la longue rivalité de la France et de la maison d'Autriche, par les préparatifs militaires de Henri IV, par les guerres de religion, par celles qu'avaient suscitées les successions de Suède et de Russie. La lutte contre l'islamisme était d'ailleurs permanente dans la Méditerranée et attirait des aventuriers de tous les pays et de tous les rangs. Le duc de Nevers avait compris la nécessité de former un corps d'armée où les volontaires grecs viendraient s'encadrer et qui serait le noyau de l'armée cosmopolite composée des contingents des États chrétiens. Aussi prompt à marcher à son but qu'à s'en détourner, il avait, dès 1616, fixé l'effectif de ce corps, ses frais de recrutement, d'entretien et de transport, ainsi que l'époque de son embarquement. Puisque l'œuvre pour laquelle il voulait le lever parlait à l'imagination et à la foi, il fallait, pour le faire, s'adresser à d'autres sentiments encore que ceux qui faisaient généralement des soldats, c'est-à-dire le goût des aventures et du pillage. Puisqu'il s'agissait d'une croisade, il était naturel de songer à un ordre religieux comme ceux qui avaient été créés au moyen âge pour sauvegarder et défendre l'œuvre des croisés. La première pensée de Charles de Gonzague avait été de faire détacher de l'ordre de Malte celui du Saint-Sépulcre, et de s'en faire nommer grand maître. En 1615, il était en instance auprès du Saint-Siège pour

[1] Le P. Joseph à Borghèse, 13 sept. 1617. *Inédit.*

obtenir ce démembrement et ce titre, et il faisait appuyer sa requête par le gouvernement français. Mais la papauté, secondant la résistance des chevaliers de Malte, se refusa à laisser porter la main sur une institution qui avait si bien mérité de la chrétienté. Il fallait dès lors créer quelque chose de nouveau. On ne faisait par là que changer de difficultés. En adaptant à l'œuvre nouvelle une ancienne fondation, on se heurtait à des droits acquis, à des usages établis, mais on profitait de l'organisation et du prestige que le temps seul peut donner. En fondant quelque chose, on était plus à l'aise pour approprier l'institution au but qu'on avait en vue, mais on avait contre soi les tâtonnements qui accompagnent tous les débuts, le scepticisme qui attend toutes les nouveautés.

Au mois de septembre 1617, le duc de Nevers jetait à Paris les bases de l'ordre qui, empruntant d'abord son nom à la Vierge, devait finir par s'appeler l'*ordre de la milice chrétienne* [1], Nous avons encore le registre original où les premiers adhérents ont inscrit leurs noms et leurs souscriptions ; le montant de ces souscriptions correspond au rang des adhérents dans l'association. Le 29 septembre 1617, jour de saint Michel, l'un des patrons de l'œuvre, Charles de Gonzague, s'inscrivait pour 300,000 livres, immédiatement après la reine-mère qui ouvrait la liste avec une souscription de 1,200,000 livres. Les grands prieurs devaient en donner 30,000 et commander à quatre-vingts compagnies d'infanterie. La souscription des grands croix était fixée à 7,500 livres et l'effectif placé sous leur commandement à vingt compagnies formant quatre régiments. Les commandeurs versaient 3,000 livres et étaient appelés au commandement de cinq compagnies. Aux chevaliers on demandait 900 livres et on donnait une compagnie.

Au moment où le duc de Nevers recueillait ces premières adhésions, l'organisation de la milice chrétienne était loin d'être arrêtée, son but seul était défini : ce but, c'était, d'après la déclaration du fondateur lui-même, une entreprise dirigée, sous les auspices du pape et du roi très chrétien, contre l'ennemi

[1] « ..... dove prima... s'intitulavano cavaglieri della madre di Dio, hora si fan nominare cavagl. della militia christiana... » 13 mars 1619. *Inédit. Mercure francais* V, 225.

commun de la chrétienté. Le sentiment qui avait inspiré le duc de Nevers était trop répandu pour ne pas enfanter ailleurs qu'en France des fondations analogues. Ce sentiment, c'était un catholicisme exalté et militant, aussi porté à servir la cause de la contre-réformation qu'à combattre les Infidèles. Aussi ne faut-il pas hésiter à rapprocher de la milice chrétienne certaines associations qui se fondèrent ou essayèrent de se fonder à la même époque, bien qu'elles ne se soient pas donné pour but l'expulsion des Turcs. C'est ainsi qu'on peut rapporter au même esprit la tentative faite en 1619 et 1620, sous le patronage de l'empereur, par un secrétaire de la chambre impériale, Arnoldinus de Klarstein, pour lever et entretenir, à l'aide de contributions volontaires, une armée capable d'assurer à Ferdinand II la supériorité sur ses adversaires [1]. La milice chrétienne elle-même dut son développement à une fusion entre l'association fondée par le duc de Nevers et deux associations du même genre créées, l'une en Italie par les trois frères Pierre, Jean-Baptiste et Bernardin Petrignani Sforza, l'autre en Allemagne par le comte Michel-Adolphe d'Althan. L'union de ces personnages avec le duc de Nevers, l'introduction des membres étrangers qu'ils amenèrent à leur suite, donnèrent à l'ordre un caractère cosmopolite aussi conforme à son esprit qu'indispensable à son développement et nécessitèrent sa division en trois langues ou régions : la région orientale (Germanie, Hongrie et Pologne), dirigée par le comte d'Althan, la région méridionale (Italie et Espagne), administrée par les frères Sforza, et la région occidentale, composée de la France, de la Flandre et de la Lorraine et à la tête de laquelle fut le duc de Nevers [2]. L'union des fondateurs fut scellée le 17 novembre 1618 à Olmütz, capitale de la Moravie, et l'ordre définitivement érigé à Vienne en Autriche le 8 mars 1619 [3]. Il comprenait deux classes de membres : des dignitaires (grands prieurs, grands croix, commandeurs) dont le nombre était

[1] Gindely, I, 365-367 ; Hürter, *Geschichte des Kaisers Ferdinands II*.

[2] Liste des grands croix, commandeurs et chevaliers entrés en l'ordre de la milice chrétienne au détroit occidental. *Inédit.* « Un discorso intorno l'incremento dell' ordine portato dal s. Pasqualino Pastrorichi. 1622. *Inédit.* »

[3] « Catalogo de prencipi et cavaglieri ch' hanno preso la croce a Vienna il venerdi otto di marzo 1619 presenti o absenti qual è stato mandato a Roma da Mgr noncio. » *Inédit. Mercure francais*, V.

limité, des chevaliers, confrères et soldats qu'on devait recevoir en aussi grand nombre qu'il s'en présenterait. Son but, tel qu'il résulte des statuts et du serment imposé aux membres, était d'établir et de maintenir la concorde au sein de la république chrétienne, de travailler à son extension, de la défendre contre les infidèles, de délivrer les chrétiens qui gémissaient sous leur joug. Ce programme, on le voit, se prêtait également à une croisade et à une intervention militaire dans la lutte dont l'Allemagne était le théâtre. Dès qu'ils eurent tenu leur premier chapitre, les fondateurs envoyèrent des ambassadeurs à toutes les grandes puissances et sollicitèrent l'approbation pontificale.

Reportons maintenant notre attention sur l'accueil que le projet de croisade recevait des divers cabinets européens auxquels il était présenté. Tout en le prenant sous son patronage, le gouvernement français entendait s'effacer derrière le duc de Nevers et le Saint-Siège et ne pas assumer publiquement le rôle d'organisateur d'une coalition contre les Turcs. Il pressait donc le pape de prendre en main l'organisation de la croisade. On ne lui demandait pas de participer d'une façon active aux opérations militaires, mais de présider aux négociations et à l'entente qui s'engageraient et s'établiraient entre les représentants des diverses puissances, accrédités auprès de lui, sur le moment et les points de l'attaque, sur les contingents respectifs et le partage des conquêtes. En fixant à Rome le centre des négociations, on ne renonçait ni à l'action isolée et concertée des nonces, ni à la propagante occulte des agents français.

Le Saint-Père ne refusa pas de répondre à l'appel de la France, mais il mit quelque lenteur à le faire, car ce ne fut pas avant le mois de février 1618 qu'il donna à ses nonces l'ordre d'aborder officiellement la question. Non qu'il méconnût la portée de l'entreprise ni les circonstances qui la rendaient opportune, mais, tant que l'Italie n'était pas pacifiée, ses préoccupations de prince italien l'empêchaient de se donner sans réserve à son rôle de chef de la catholicité. Or, au moment où le pouvoir passait des mains du favori de la reine-mère dans celles du roi, le gouverneur du Milanais, don Pedro de Tolède, reprenait les hostilités contre le duc de Savoie, et investissait Verceil, qui capitulait le 25 juillet 1617. Le traité de Madrid (26 septembre) n'avait pas mis fin à la guerre, et ce ne fut que dans l'été de

1618 que la paix fut assurée par la restitution de Verceil à Charles-Emmanuel et le désarmement du gouverneur de Milan.

Les instances de Chateaurenaud, arrivé à Rome le 18 décembre 1617, triomphèrent enfin des hésitations de la curie et, dans les premiers mois de 1618, les nonces de Paris, de Madrid, de Varsovie, de Prague, de Trêves, de Mayence, de Cologne et de Turin étaient spécialement accrédités pour solliciter l'adhésion et le concours des puissances auprès desquelles ils résidaient. En annonçant cette nouvelle à Bentivoglio, le cardinal-neveu s'étonnait que le roi très chrétien, qui se montrait si zélé pour l'entreprise, n'eût pas encore fait savoir directement au Saint-Père sa résolution d'y prendre part. Chateaurenaud s'était bien porté garant de cette résolution, mais il ne représentait à Rome que le duc de Nevers, et le langage de l'ambassadeur de France, Marquemont, loin de donner de l'autorité à Chateaurenaud, empêchait de prendre tout à fait au sérieux ce que celui-ci témoignait des sentiments et des intentions du roi.[1] Au moment même où la curie exprimait sa surprise à cet égard, le gouvernement français se décidait à rompre le silence qu'il avait gardé jusque là. A la suite d'un conseil de cabinet où le duc de Nevers et le Père Joseph avaient été appelés et où, sous leur influence, les sympathies déjà acquises au projet s'étaient accentuées, Marquemont recevait l'ordre d'ouvrir officiellement la négociation [2].

La France ne pouvait s'engager plus avant sans avoir l'Espagne à ses côtés. D'une part, c'était la seule garantie que celle-ci ne profiterait pas de l'initiative de sa rivale pour la desservir et la supplanter à Constantinople; de l'autre, son influence et ses intérêts dans la Méditerranée, sa puissance maritime lui assignaient dans l'entreprise une part prépondérante. Or, l'accord des deux pays dans cette œuvre commune entraînait une entente sur toutes les questions européennes, un désintéressement réciproque, l'oubli des vieux griefs, l'abandon d'une ancienne rivalité. Pouvait-on s'attendre à une rupture si complète avec le passé?... L'obstacle, du moins, ne paraissait pas devoir venir de la France. A la vérité, Luynes et sa coterie n'of-

[1] Borghèse au nonce de Paris. Rome, 10 février 1618. *Inédit.*
[2] Bentivoglio à Borghèse. Paris, 28 février 1618. *Inédit.*

fraient pas à l'Espagne autant de garanties que la reine mère et parfois il était tenté de tirer parti des embarras de la maison d'Autriche ; mais, entouré par les partisans de l'alliance espagnole qui lui en imposaient par leur expérience et leur réputation, inquiet à bon droit du caractère précaire de la tranquillité intérieure, absorbé par le souci de ses intérêts privés, il s'accommodait au courant qui entraînait nos hommes d'État et une notable partie de l'opinion vers la paix et vers l'Espagne. Les sacrifices de la reine mère, puis du favori, à la nécessité et au sentiment public n'avaient pu, toutefois, aller jusqu'à l'abandon sans réserve de nos alliés, ni empêcher des manifestations contraires de l'opinion ni obtenir de l'Espagne les mêmes ménagements. La France avait ressenti avec plus d'amertume qu'elle ne l'avait laissé paraître, l'humiliation de se voir enlever par son ancienne rivale la médiation qui devait lui procurer l'honneur de rétablir la paix en Italie. Les adversaires de l'Espagne, le duc de Savoie, la République de Venise, étaient populaires dans notre pays [1]. Au commencement de juin 1617, sous l'impression du passage de Lesdiguières au-delà des monts et de l'enrôlement d'une foule de volontaires français sous les drapeaux de Charles-Emmanuel, les rapports des deux États s'étaient aigris au point de faire craindre une rupture. Depuis, la situation s'était détendue et permettait d'espérer un rapprochement au profit de l'entreprise [2].

Toutefois, ni la défiance inhérente à des relations où la bonne volonté n'était pas égale des deux parts, ni le désir de la France de dissimuler son initiative, ne permettaient à celle-ci de faire des ouvertures à Madrid [3]. C'était le rôle et le devoir du Saint-Siège. Pour aller, en son nom, demander au gouvernement de Philippe III la confiance sans réserve, le loyal concours indispensable au succès, le Père Joseph et le duc de Nevers songèrent à un capucin. Le premier désigna le P. Diego della Marca, attaché aux missions de Savoie, déjà bien instruit de la question et, à

[1] Contarini au doge. Paris, 10 mai 1618. *Inédit.*
[2] «... come le cose erano inacerbite et in termine di rompersi fra Francia e Spagna..... » Le Père Joseph à Borghèse, 13 septembre 1617. *Inédit.*
[3] Bentivoglio à Borghèse, 14 avril 1618.

son défaut, le P. Hyacinthe de Casal. Charles de Gonzague et le Père Joseph prièrent Bentivoglio de demander au pape l'un de ces deux religieux, qui devrait, avant d'accomplir sa mission, venir recevoir les instructions de notre capucin. Mais n'était-il pas préférable de se servir du Père Joseph lui-même ? C'est ce que pensa le gouvernement français, qui prenait l'affaire de plus en plus à cœur[1]. Le capucin ne devait être en apparence que l'agent du *nonce*, mais il emportait des lettres de recommandation du roi, de la reine régnante, de Monteleone pour Philippe III, pour la princesse des Asturies, pour les ministres et il devait trouver un auxiliaire dans notre ambassadeur en Espagne[2].

Le 13 avril 1618, il demandait au pape de bénir son voyage et au cardinal Borghèse de seconder ses efforts[3]. L'appui qu'il sollicitait, consistait à recommander son œuvre et sa personne au nonce de Madrid, au cardinal-duc de Lerme, au duc d'Uceda, au confesseur, le P. Luys de Alliaga, tout puissants conseillers du roi catholique, à obtenir de l'Espagne pour son ambassadeur à Rome, en vue d'un concert avec le représentant de la France, des pouvoirs analogues à ceux dont jouissait déjà ce dernier, à lui accorder à lui-même une obédience d'une *durée illimitée* et à envoyer dans la péninsule le P. Diego della Marca pour le remplacer et continuer ses efforts quand il la quitterait. En même temps il priait le nonce d'appeler l'attention du Saint-Père sur la diète qui devait se réunir au mois de mai à Ratisbonne, comme sur une occasion favorable pour faire agir auprès des princes catholiques les nonces de Prague et de Cologne ; enfin, il fallait profiter de la présence d'un ambassadeur persan à Madrid pour encourager Shah-Abbas à continuer les hostilités contre le Grand Seigneur[4]. Le 18 avril, notre capucin quittait Paris. Il apprit en route la grave maladie de sa fille spirituelle, Antoinette d'Or-

[1] Bentivoglio à Borghèse, 14 avril 1618.

[2] Le nonce Bentivoglio à Borghèse, 28 mars et 14 avril 1618. *Inédit*. Borghèse au nonce de Madrid. Rome, 1er mai 1618. *Inédit*. Louis XIII à la princesse des Asturies, mai 1618. *Inédit*. Puysieux à Marquemont, 25 avril 1618. *Inédit*.

[3] Le P. Joseph à Paul V et à Borghèse. Paris, 13 avril 1618. *Inédit*.

[4] Le P. Joseph au pape et au card. Borghèse. Paris, 13 avril [1618]. *Inédit*. Bentivoglio à Borghèse, 14 avril 1618.

léans. Malgré toute sa diligence, il n'arriva à Poitiers qu'après la mort de cette princesse (25 avril). Il y fut retenu jusqu'au mois de juillet par une indisposition, par les périls que la disparition d'Antoinette fit courir à l'œuvre naissante de réforme religieuse entreprise par elle et par lui, et par l'ordre d'attendre, pour continuer son voyage, la restitution de Verceil [1]. Cette restitution, qui eut lieu au milieu de juin et qui fut suivie du désarmement opéré par le duc de Feria et de l'amnistie accordée par le duc de Mantoue à ses sujets rebelles, écartait un risque de conflit entre la France et l'Espagne et permettait au Saint-Siège de tourner toute son attention sur l'Orient. Malheureusement la sécurité résultant de la pacification de l'Italie était d'avance ébranlée par la découverte d'une conspiration contre Venise, à laquelle le gouvernement espagnol était, il est vrai, resté étranger, mais où il ne pouvait manquer d'être compromis, surtout dans le premier moment, par la complicité de son représentant auprès de la république, le marquis de Bedmar, et celle du vice-roi de Naples, le duc d'Ossuna [2]. C'était de mauvais augure pour le succès de la tâche que le Père Joseph allait poursuivre au-delà des Pyrénées. Il en jugeait ainsi quand il écrivait : « Quand au grand affaire, toute la chrétienté y est entièrement disposée... Les seuls Espagnols tiennent le monde en échec et arrêtent ce bon œuvre et disposent la chrétienté de se trouver enveloppée en de prochaines guerres, plus périlleuses qu'aucune que nos pères aient vue cy devant et desquelles nos enfants ne verront pas la fin... Il s'est découvert depuis peu un dessein qu'ils avaient sur Venise, qui est la plus prodigieuse chose qui se puisse imaginer [3]... » Les événements allaient le rendre prophète plus encore qu'il ne pensait, car, peu de temps après que cette lettre était écrite, la défénestration de Prage (23 mai) donnait le signal de la guerre de trente ans.

A d'autres égards aussi, la mission du Père Joseph commençait sous de fâcheux auspices. Le Saint-Père accordait bien à

[1] Le P. Joseph au cardinal de Sainte-Susanne, 2 juillet [1618]. *Inédit.* Bentivoglio à Borghèse, Paris, 6 juin 1618.

[2] Voy. L. Ranke, *Ueber die Verschwörung gegen Venedig im Jahre 1618.*

[3] Le P. Joseph à sa mère. *Inédit.*

cette mission l'appui demandé par Bentivoglio, mais c'était d'assez mauvaise grâce. Il déclarait qu'elle n'était pas indispensable et qu'on aurait pu s'en tenir à faire traiter l'affaire à Rome par les représentants des puissances catholiques [1] ; il trouvait superflu d'envoyer le P. Diego della Marca en Espagne [2]; il faisait remarquer ironiquement que le bruit qu'on avait fait en France autour du projet ne permettait pas, suivant le désir qui s'y manifestait, d'en dissimuler l'origine [3] ; il laissait percer sa mauvaise humeur contre les enthousiastes du parti qu'il appelait des imprudents ; au fond de cette mauvaise volonté mal dissimulée, Marquemont reconnaissait l'influence de l'Espagne, jalouse de l'initiative de la France [4].

On pouvait reconnaître la même influence dans le langage du nonce de Madrid, qui déclarait l'entreprise aussi impraticable que louable en principe [5]. Du reste, ce n'est pas seulement par une voie indirecte que nous sommes instruits des sentiments du gouvernement espagnol. Dès le 4 août 1617, Monteleone avait annoncé à sa Cour que le duc de Nevers poursuivait la ruine de l'Empire ottoman, que son dessein, présenté à Rome par un religieux capucin, y avait été embrassé avec ardeur, que la faveur et l'appui du roi et de ses ministres lui étaient acquis et qu'un membre de l'Oratoire allait partir pour en entretenir le roi catholique et lui demander son concours. L'ambassadeur joignait à sa dépêche un exposé du duc de Nevers, la liste des premiers souscripteurs de l'ordre de la milice chrétienne et l'engagement de la reine-mère. Saisi de cette communication, le Conseil d'État fut d'avis de ne pas prendre une décision définitive avant l'arrivée de l'émissaire annoncé, et Philippe III adopta cet avis ; mais les sentiments de défiance et de dédain que la délibération mit au jour ne laissent aucun doute sur le sens de cet ajournement [6]. Le Conseil ne jugeait pas plus favorable-

[1] Marquemont au roi. Rome, 2 mai 1618.
[2] Borghèse à Bentivoglio. Rome, 1er mai 1618.
[3] *Ibid.* et Borghèse au nonce de Madrid. Rome, mai 1618.
[4] Dep. précitée de Marquemont. Dep. de Marquemont au roi. Rome, 28 juin 1618. Correspondance de Bentivoglio, II, n° 1166.
[5] Le nonce de Madrid à Borghese. 13 mai et 1er juillet 1618. *Inédit.* 13 septembre et 14 décembre 1617. *Inédit.*
[6] El consejo de stado a 24 de octob. 1617 sobre lo que ha escrito el duque de Monteleone del intento del duque de Nibers. *Inédit.*

ment le projet au mois d'avril 1618, quand Monteleone annonçait [1] le prochain départ du Père Joseph, et cependant l'ambassadeur n'avait rien négligé pour ménager à l'œuvre et à la personne de ce dernier un accueil favorable. Il le présentait dans ses lettres au roi et au secrétaire d'État, Juan de Ciriça, comme le véritable inspirateur de l'affaire, comme un grand homme de vertu et de talent, comme un religieux jouissant d'un crédit dans le siècle, conduit en Espagne par le zèle de la gloire de Dieu, incapable de se servir de cet intérêt sacré pour dissimuler des arrière-pensées politiques, digne enfin de la plus entière confiance [2]. Quant à son œuvre, Monteleone déclarait qu'elle pouvait, selon toutes les apparences, compter sur la sympathie et le dévouement des ministres et du roi qui, sans lui avoir donné lui-même sa mission, y applaudissait et en espérait beaucoup. Monteleone prenait l'affaire tant à cœur qu'il envoyait en Espagne son confesseur, le Père Luigi de Vera, pour y seconder le Père Joseph de son influence [3]. Mais le gouvernement de Madrid partageait si peu son enthousiasme, qu'il le blâmait d'avoir accordé son patronage à une proposition chimérique et encore plus inopportune [4].

La France n'avait plus qu'à attendre les résultats de la mission du Père Joseph et de la campagne diplomatique engagée par le Saint-Siège. Les critiques que Paul V mêlait à son approbation, l'attitude réservée de l'Espagne ne donnaient pas grand espoir au gouvernement français. Il approuva donc l'idée de Marquemont de garder le silence sur ce sujet jusqu'à ce que le pape y revînt [5]. La confiance du duc de Nevers lui-même était ébranlée par les troubles de Bohême [6].

[1] Monteleone à Philippe III. Paris, 30 avril 1618. *Inédit.*

[2] «... Fray Joseph de Paris que fue a Roma a disponer sobre ello a Su Santidad y volvio cerca de un anno ha aqui para continuar los officios que tenia empecados.... val con alun temor deque no sea tenido por hombre quilleve segundas intenciones, por los ordinarios recelos que il estado caussa, y porloque en todo el tiempo que le he tiacado he podido conocer de su celo y religion, me parece que nos es hombre de essa calidad porque de mas de la que tiene enquanto a mundo que es de harta estimacion esta tenido comunamente por hombre de mucha virtud y de exemplar vida y, ami parecer, a esto solo le mueve desser di la gloria de Dios. » *Ibid.*

[3] Monteleone à Juan de Ciriça. Paris, 25 mai 1618. *Inédit.*

[4] Consulte du 31 mai 1618. *Inédit.*

[5] Le roi à Marquemont. Paris, 8 mai et 5 juin 1618. *Inédit.*

[6] Bentivoglio à Borghèse. Paris, 28 juillet 1618.

Le découragement avait-il gagné aussi le Père Joseph? Était-il encore soutenu par l'espérance ou croyait-il seulement qu'il allait remplir un devoir stérile?

Ce qui dominait en lui quand, au mois de juillet 1618, il se remit en route, c'était la confiance. Non qu'il se fît illusion sur les difficultés de sa tâche [1]; il se rendait compte des mille traverses que les événements pouvaient jeter entre son but et lui [2]. Avec cette intuition de l'avenir qui comptait au nombre de ses dons les plus remarquables, il voyait l'Europe enveloppée dans un conflit qui, à sa naissance, ne semblait mettre en jeu que la liberté religieuse et les droits politiques des Bohémiens. Il connaissait la solidarité de nos Huguenots avec les protestants étrangers et particulièrement avec ceux d'Allemagne. Il avait éventé et révélé au pape, l'année précédente, le plan et les menées du duc de Bouillon, de l'électeur palatin et de leurs coreligionnaires au sujet de la succession impériale. Il considérait le souverain de Sedan comme un intrigant profond, habile et dangereux. Depuis trois mois, il avait dans les mains les preuves des efforts faits auprès du roi pour le décider à combattre la candidature de l'archiduc Ferdinand de Styrie et à favoriser celle de Maximilien de Bavière, qui, étant sans enfant, aplanirait la voie à un autre prétendant. Il combattait cette tentative, dont le succès aurait fait de Louis XIII un adversaire, peut-être un compétiteur de la maison d'Autriche à la couronne impériale; il le poussait, au contraire, à prendre entre l'empereur et les protestants le rôle de médiateur ou tout au moins à n'accorder à ces derniers aucun encouragement [3].

Si l'espoir l'emportait encore dans l'âme du Père Joseph sur tous les sentiments qui se la disputaient, ce n'était donc pas faute de clairvoyance; mais, par un heureux privilège, la clairvoyance n'affaiblissait chez lui ni la résolution ni l'activité. Les troubles que son projet avait en partie pour but de prévenir

[1] « Ho sempre inteso dal sud. cappuccino che'l Re di Spagna sapeva molto bene il vostro disegno di Levante, ma che voi non sapete il suo. » Siri, IV, 493. Le P. Joseph à Borghèse, 13 avril 1618. *Inédit.*

[2] « La quale può da mille accidenti venire interrotta se... » Le P. Joseph à Borghèse, 13 avril 1618. *Inédit.*

[3] Le P. Joseph au cardinal de Sainte-Susanne. Juillet 1618. *Inédit.*

avaient éclaté; il fallait les localiser, puis les étouffer et, en attendant, arrêter le plan de la grande entreprise qui devait en empêcher le retour. Fort du principe supérieur auquel il rapportait sa conduite[1], de l'empire qu'il était habitué à exercer sur les autres, il se flattait de faire comprendre aux conseillers de Philippe III la portée pacifique de l'œuvre dont il s'était fait l'apôtre, de les arracher à la préoccupation exclusive du danger qui menaçait la branche allemande des Habsbourgs pour leur faire adopter, en même temps que les mesures les plus propres à comprimer l'insurrection, un esprit et une direction politiques dénouant, par l'accord des deux maisons rivales et par un grand mouvement religieux et guerrier contre l'islamisme, la crise qui travaillait la chrétienté. Ce qui le confirmait dans cet espoir, c'était précisément la gravité du soulèvement de la Bohême, c'était les intrigues du parti protestant, ses efforts pour commettre le gouvernement français avec la maison d'Autriche. L'Espagne pourrait-elle se refuser à comprendre que le Père Joseph lui apportait le choix entre une union plus intime avec la France et son hostilité? Que, si notre pays ne trouvait pas au-delà des Pyrénées un désintéressement égal au sien, il pourrait bien revenir à sa politique traditionnelle et céder aux avances des protestants? Or on ne pouvait à Madrid fournir un gage moins équivoque du prix qu'on attachait à des relations cordiales avec ses voisins, des sacrifices qu'on était résigné à y faire qu'en entrant, de concert avec eux, dans une entreprise incompatible avec la politique provocante et agressive dont nos alliés, le duc de Savoie et la sérénissime République avaient failli être victimes. C'est en lui présentant sa proposition sous cet aspect, c'est en lui faisant sentir cette redoutable alternative que le Père Joseph devait convier le roi catholique à suivre son gendre le roi très chrétien dans la voie ouverte par ce dernier et à autoriser ses représentants à Rome et à Paris à entamer à ce sujet une véritable négociation, sauf à ajourner les opérations communes au temps où la rébellion serait étouffée. Quant aux autres puissances chrétien-

[1] ... che ha, si puo dire, lo spirito di Dio per muovere quest'impresa. » Bentivoglio à Borghèse. Paris, 14 avril 1618.

[2] Le P. Joseph à un destinataire inconnu. 18 décembre 1617. *Inédit.* — Le même au cardinal de Sainte-Susanne, juillet 1618.

nes, plus portées, dans une pareille aventure, à se suivre qu'à se devancer et dont l'attention paraissait devoir être absorbée par les événements de l'Europe centrale, c'est de la papauté surtout qu'il attendait l'impulsion énergique nécessaire pour triompher de leurs hésitations. Peu de temps avant l'explosion des troubles de Bohême, il rappelait au cardinal Borghèse que l'occasion est chauve, qu'il ne fallait pas la laisser échapper, que de nouveaux incidents pouvaient remettre en question la paix, maintenant assurée en Italie, il le pressait d'appliquer en cette circonstance le *compelle intrare* de la parabole évangélique [1].

Le Père Joseph arriva à Madrid vers le milieu d'août [2]. Il y avait été précédé, nous l'avons dit, par le P. Luigi de Vera [3] et il était accompagné par deux de ses frères en religion, le P. Romain et le frère Zénon de Quincamp. Dès le mois de mai, le nonce avait reçu pour instruction de le seconder auprès du cardinal-duc de Lerme, du duc d'Uceda et du confesseur du roi catholique. Fort de ces appuis, présenté par l'ambassadeur de France, accrédité par le roi et la reine régnante, il ne pouvait manquer d'être bien accueilli, mais, s'il n'eut qu'à se louer des égards rendus à sa personne, eut-il lieu de se féliciter autant de son voyage au point de vue du grand intérêt qui le lui avait fait entreprendre ?

L'entente cordiale dont il venait faire valoir les avantages et solliciter une nouvelle et éclatante manifestation, ne rencontrait pas à Madrid des adversaires systématiques. Par suite des mêmes nécessités et des mêmes calculs, le tout puissant favori de Philippe III ne répugnait pas moins que le favori de Louis XIII à une politique active, militante et résolument nationale. Il se rendait compte des ménagements dont le corps affaibli de la monarchie avait besoin et redoutait pour sa fortune comme pour l'État les sacrifices, les émotions, les périls inséparables d'une pareille politique. Les dispositions du gouvernement espagnol ne changèrent pas avec la révolution de palais dont le Père Joseph

[1] Le P. Joseph à Borghèse. Paris, 13 avril 1618.

[2] « ....Je suis arrivé en bonne santé au lieu où j'estime que sa sainte volonté m'appellait, d'où j'espère partir vers le commencement d'octobre.. » Epitres du P. Joseph écrites à plume volante. 23 août 1618. *Inédit.* Marquemont au roi. Rome, 18 septembre 1618. *Inédit.*

[3] Le P. Joseph au card. de Sainte-Susanne, juillet 1618. Bentivoglio à Borghèse. Paris, 9 mai et 6 juin 1618.

fut témoin au mois d'octobre, quand le duc d'Uceda, aidé du confesseur, supplanta son propre père le duc de Lerme dans la faveur du roi catholique. Mais les traditions sont souvent plus fortes que la volonté, toute puissante en apparence, d'un roi ou d'un favori. Or des traditions, fondées sur une prépondérance séculaire, dont la fragilité ne frappait pas encore tous les yeux, poussaient l'Espagne à intervenir d'une façon envahissante et hautaine dans toutes les questions européennes. D'ailleurs, ce gouvernement, dont l'activité était souvent paralysée au centre par une circonspection excessive et par les nombreux conseils qui entouraient la royauté, était souvent aussi représenté au dehors, dans les cours étrangères et les pays dépendant de la métropole, par des hommes imbus des maximes de Charles-Quint et de Philippe II, téméraires, remuants et fort peu dociles. C'était par de tels hommes que les autres puissances jugeaient la politique de l'Espagne, c'était eux en réalité qui faisaient cette politique. Leur influence, favorisée par le sentiment national, allait bientôt l'emporter sur la prudence et l'égoïsme des favoris qui cherchaient dans l'immobilité la conservation de l'État et de leur fortune. Aux difficultés passagères qui ont troublé l'accord des deux branches de la maison d'Autriche va succéder une union plus étroite, fondée sur le partage amiable de l'héritage de Mathias, cimentée par l'assistance pécuniaire et militaire que les rois catholiques donneront à l'empereur et redoutable pour l'indépendance européenne. Ce renouvellement d'une solidarité naturelle va conduire l'Espagne à ambitionner, à rechercher avec ardeur la communication et, autant que possible, la contiguïté de ses possessions italiennes et flamandes par l'occupation des vallées des Alpes et de la vallée du Rhin. Du jour où il ne sera plus permis de douter du but qu'elle poursuit, c'en sera fait de l'essai d'entente cordiale loyalement pratiqué à Paris, moins sincèrement à Madrid ; la France, menacée de se voir fermer la région dévolue à son expansion naturelle et resserrée en elle-même, atteinte à la fois dans sa grandeur future et dans sa sécurité présente, reviendra à sa politique traditionnelle et acceptera un antagonisme qui ne se terminera en réalité que le jour où un prince français ira s'asseoir sur le trône de Philippe II. Le plan de l'Espagne s'est manifesté ou se manifestera par l'occupation d'Aix-la-Chapelle et d'une partie du duché de Juliers, par ses prétentions sur le Brisgau et sur l'Alsace, par la prise de possession du Palatinat inférieur et de la Valteline. Mais au moment de la mission du Père Joseph, les Espagnols n'étaient pas encore établis dans ces deux pays et il n'y avait pas lieu de les croire engagés sans retour dans la voie qui devait fatalement les conduire à une rupture avec la France. Pendant le séjour du capucin, peu après son départ, on constate, au contraire, les indices d'une préoccupation toute différente. Des armements maritimes considérables attirent alors l'attention de l'Europe, provoquent ses conjectures et ses inquiétudes. Le mystère qui les entourait n'est pas entièrement dissipé aujourd'hui. Mais, s'il est impossible d'en déterminer le but précis, qui peut-être n'a jamais été arrêté, il n'est pas permis de douter qu'ils n'aient été dirigés contre les Turcs, soit contre la régence d'Alger, depuis longtemps l'objet des regrets, des griefs et des vues de l'Espagne, soit contre le cœur même de leur empire [1]. Quel lien peut-on établir entre ces préparatifs et la présence du Père Joseph dans la Péninsule ? Nous n'avons plus sa correspondance pendant cette période ni celle de ses deux compagnons, et nous en sommes presque réduit, pour apprécier l'efficacité de ses efforts, à une dépêche de l'ambassadeur vénitien à Paris [2]. Cet ambassadeur ne tenait pas ses renseignements du Père Joseph ni d'une personne initiée au projet, car ses partisans n'avaient garde de choisir pour confident le ministre d'un État suspect d'avoir livré aux Turcs le secret des desseins dont ils devaient être les victimes; c'est donc seulement la rumeur publique qu'enregistre l'agent de la République. On n'en est pas moins autorisé à chercher dans cette rumeur et dans la dépêche qui la reproduit la façon dont notre capucin envisageait les résultats de son voyage. Or, à en croire le bruit qui circulait, le Père Joseph rapportait des impressions tout à fait favorables. Il affirmait aux ministres français que les armements de nos voisins n'avaient

[1] Contarini au doge, 24 mai 1618. Claude de Grenelle à Puysieux, 24 novembre et 30 décembre 1618, 25 février et 8 décembre 1619. Ribere à Puysieux, 25 novembre 1618. Contarini au doge. Paris, 29 novembre et 29 décembre 1618, 6 février 1619 (n. s.) 16 juin 1619. Grenelle à Puysieux. Lisbonne, 27 juin et 21 juillet 1619. *Tous ces documents sont inédits.*

[2] 5 février 1619 (n. s.)

pas d'autre but que de *donner le branle à une entreprise contre* les Turcs, dans laquelle ils comptaient avoir pour associé le roi très chrétien ; qu'ils voulaient ériger un ordre de chevalerie, où entreraient tous les partisans de cette entreprise, quelle que fut leur nationalité, et que les membres de cet ordre se réuniraient en Allemagne sous le commandement du duc de Nevers ; celui-ci, qui remplissait alors dans ce pays une mission de son gouvernement, espérait bien rétablir la paix entre l'empereur et ses sujets révoltés et, confondant dans les mêmes rangs Impériaux et Bohémiens, entrer par la Transylvanie et la Valachie, où il avait de nombreuses *intelligences*, dans l'empire ottoman, tandis que les flottes espagnole et napolitaine attaqueraient le littoral. On ajoutait que le vice-roi de Naples, le duc d'Ossuna, *s'était déjà emparé du port de Sainte-*Maure, dans l'île de ce nom, presque à l'entrée du golfe d'Arta. Du reste, l'ambassadeur croyait savoir que le Père Joseph ne réussissait pas à faire partager aux ministres les espérances et l'enthousiasme dont le duc de Nevers et lui étaient pleins. Que le capucin ait présenté l'Espagne comme plus résolue qu'elle ne l'était, que le bruit public ait encore exagéré la satisfaction que lui causait son voyage, cela est possible, mais il n'en est pas moins vrai qu'il y a eu en 1618 et 1619 un moment où la pensée d'une expédition maritime contre les Turcs a été adoptée dans les conseils du roi catholique, où, en vue de cette expédition, les forces navales de l'Espagne se sont rassemblées dans les ports de Carthagène, de Cadix, de Lisbonne, où, à son instigation, les galères pontificales, toscanes et maltaises se sont trouvées réunies. Il est difficile d'admettre que les efforts du Père Joseph aient été étrangers à cette résolution, que le gouvernement de Madrid soit resté complètement *insensible* aux *considérations* qu'il fit valoir. Ces considérations, on les connaît en partie déjà : la perspective de resserrer par une action commune avec la France une alliance profitable, la crainte, en se refusant à cette action commune, de faire suspecter ses intentions et de refroidir cette alliance. Ajoutons-y le désir de ménager dans le duc de Nevers, un prince puissant, qu'on croyait disposé à mettre son influence au service des intérêts de l'Espagne [1]. Ce n'est pas

[1] Consulte du 15 février 1617. *Inédit.*

tout : on pensait à Madrid, et l'on n'avait pas tort, que, si l'on réussissait à reporter chez les infidèles la terreur qu'ils faisaient régner dans la Méditerranée, ils ne seraient pas les seuls atteints, que l'accroissement de force et de prestige qui en résulterait pour l'Espagne se ferait sentir sur le théâtre de la lutte entre Ferdinand et ses sujets et dans toute l'Europe ; en même temps qu'elle refoulerait la piraterie barbaresque et affermirait son empire dans la Méditerranée, elle avait chance d'intimider en Allemagne la révolte naissante, de pacifier la crise qui venait de s'ouvrir pour la branche cadette des Habsbourgs. Ce point de vue ne fut assurément pas oublié dans les entretiens du Père Joseph avec les conseillers du roi catholique, particulièrement avec le confesseur, dont la disgrâce du duc de Lerme avait grandi l'influence et allait faire un inquisiteur général [1].

Quand le capucin revint en France, en janvier 1619 [2], il n'y trouva plus le duc de Nevers. Celui-ci avait, au mois d'octobre de l'année précédente, quitté son gouvernement de Champagne pour se rendre en Allemagne et en Pologne. Ses sentiments étaient si connus, si connues aussi les tendances du gouvernement français, qu'on supposa tout de suite que son voyage avait pour but d'aller offrir des secours à l'empereur ; les ministres jugèrent nécessaire de rassurer nos alliés protestants en déclarant qu'ils n'avaient pas donné à ce prince d'autre mission que celle de poursuivre, de concert avec ceux qui s'en occupaient déjà, la pacification de l'Allemagne et qu'ils ne toléreraient pas la sortie de troupes destinées aux belligérants [3]. Cette déclaration était sincère, mais l'interprétation à laquelle le départ du prince donnait lieu n'était qu'à demi inexacte. En réalité, ce qui attirait Charles de Gonzague hors de son pays, c'était ses desseins contre les Turcs, c'était le désir de donner à son ordre des adhérents et des ramifications à l'étranger, d'organiser contre l'empire ottoman et sur ses frontières une attaque par

[1] Grenelle à Puysieux, 8 décembre 1619. *Inédit.*

[2] « Nous attendons dans peu de jours le P. Joseph... » Puysieux à Marquemont. Paris, 11 janvier 1618 [*Lisez :* 1619].

[3] Contarini au doge. Paris, 11 novembre 1618. Puysieux à Sainte-Catherine. Paris, 8 novembre, 20 décembre 1618, 4 février 1619. Tours, 28 juin 1619. Baugy à Sainte-Catherine. Vienne, 30 janvier et 27 février 1619. Le tout inédit.

terre combinée avec l'attaque maritime dont nous avons indiqué la préparation, mais, comme le concours presque indispensable de l'empereur, des rois de Bohême et de Pologne était subordonné à la soumission volontaire ou forcée des rebelles, Charles partait avec l'intention d'offrir son épée aussi bien que sa médiation.

L'accueil qu'il reçut ne fut pas celui qui paraissait dû à sa personne et à ses dispositions. Rien pourtant ne pouvait être plus à souhait aux Habsbourgs d'Autriche qu'une suspension d'armes ou des renforts. Vers l'époque de l'arrivée du prince en Allemagne, la prise de Pilsen (21 novembre 1618) portait un coup sensible à la cause impériale déjà affaiblie par des échecs répétés en Bohême; la frontière autrichienne était franchie (25 novembre); les progrès des Bohémiens faisaient trembler Vienne, la fidélité de la haute et de la basse Autriche, celle de la Moravie inspirait de grandes inquiétudes. Ces inquiétudes, il est vrai, ne se réalisèrent pas immédiatement, mais le besoin de la paix n'en était pas moins vivement senti par Mathias et plus encore par Ferdinand, et ses partisans devenaient de plus en plus nombreux et écoutés. Au commencement de 1619, les hostilités proprement dites furent suspendues de fait et des négociations s'ouvrirent à Eger, mais elles n'amenèrent pas l'apaisement et n'empêchèrent pas l'esprit d'insubordination ou même la révolte ouverte de se propager dans les États héréditaires et les pays de la couronne de Bohême [1].

Mathias écouta le duc de Nevers et lui demanda un mémoire des frais que le trésor impérial aurait à supporter pour la levée et le transport des six mille fantassins et des deux mille cavaliers que le prince se faisait fort de mettre à sa disposition [2]. Mais Ferdinand ne tint pas un compte suffisant de ses propositions ni de sa personne et, s'il fallait en croire l'ambassadeur d'Espagne à Paris, assez enclin à envenimer les choses, Charles se serait plaint, à son retour, d'avoir été éconduit par le roi de

[1] Gindely, I, 410-II, 66.

[2] Memoria per la levata et pagha di doi mille, etc. dato per ordine di S. M. C. al consiglio di guerra il 3° di febº 1619 in Vienna per l'ecc. s. duca di Nevers. *Inédit.*

[3] Fernan Giron à Philippe III. Paris, 29 mai 1619. *Inédit.* Grenelle à Puysieux. Lisbonne, 24 août 1619. *Inédit.*

Bohême [3]. Cet accueil s'explique par plusieurs raisons. Ferdinand partageait à l'égard de la France les sentiments de méfiance et d'ombrageuse jalousie qui régnaient à Madrid et que fomentait à Vienne le comte d'Oñate, le représentant si écouté et si influent de Philippe III; la neutralité bienveillante de notre gouvernement ne suffisait pas à modifier ces sentiments; sa médiation était suspecte de tendre à la suprématie européenne; l'abandon de nos alliances traditionnelles, une participation ouverte et armée à la contre-réformation entreprise par la maison d'Autriche, telles étaient les seules conditions auxquelles notre pays aurait pu triompher de ces préventions. Peut-être aussi le duc de Nevers compromit-il sa cause par cette humeur mobile qui nuisait à son crédit [1], peut-être les ressources dont il se targuait parurent-elles illusoires.

Il obtint en Pologne un accueil et des résultats encore moins favorables. Pourtant l'hostilité que les incursions et les ravages des Tartares et des Cosaques entretenaient, depuis la paix de Busza (23 septembre 1617), entre les Polonais et les Turcs, semblait rendre imminente une rupture déclarée [2]. Mais toutes les pensées de Sigismond III étaient tournées vers la Russie et vers la Suède; il aspirait à faire élire son fils Ladislas grand-duc de Moscovie et plus encore à recouvrer le trône de Suède, dont son oncle Charles IX l'avait dépouillé, et à y faire remonter avec lui le catholicisme. Le comte d'Althan lui faisait espérer pour cette entreprise, à laquelle devait coopérer une flotte espagnole armée à Dunkerque, un corps de troupe important [3]. Tout ce qui était étranger à ce dessein, tout ce qui pouvait y mettre obstacle, le trouvait indifférent ou hostile. Aussi la campagne d'Olivier de Marconnet en Pologne avait été, malgré les illusions dont il se berçait [4], à peu près stérile, et l'agent du duc de Nevers n'avait pas cru pouvoir se dispenser de pro-

[1] Voy. notamment le nonce de Cologne à Borghèse. Cologne, 10 mars 1618. *Inédit.*

[2] Liske, *Der Turkisch-polnische Feldzug in Jahre 1624.*

[3] Pauli Piasecii, *Chronica gestorum in Europa singularium ad annum 1648.* Hammendörfer, *Gesch. Polens.* Geiger, *Gesch. Schwedens.*

[4] Bentivoglio à Borghèse. Paris, 23 mai 1618. *Inédit.* Borghèse à un destinataire inconnu, fragment non daté. *Inédit.*

mettre au roi le concours de son maître à ses vues sur la Suède et la Russie [1]. Pas plus que Marconnet, Charles de Gonzague n'obtint ni le droit de passage pour les vingt mille hommes avec lesquels il voulait entrer en Turquie, ni une place en Podolie pour en faire le lieu de dépôt et de ravitaillement, ainsi que la base d'opération de ses troupes. Il ne réussit même pas à voir le roi; afin d'éviter une entrevue embarrassante, celui-ci le fit rappeler de Cracovie à Vienne [2]. Ainsi le projet de croisade risquait de dégénérer, sous les yeux de son chef désigné, en une guerre dynastique à laquelle, sans doute, l'intérêt religieux n'était pas étranger, puisque le rétablissement de Sigismond sur le trône de Suède aurait entraîné dans ce pays une restauration catholique, mais où il était singulièrement rapetissé. Le duc de Nevers refusa, comme il fallait s'y attendre, de compromettre son nom et les ressources dont il croyait pouvoir disposer, dans une aventure aussi disproportionnée avec ses aspirations, aussi éloignée de ses vues. Son approbation et son concours étaient acquis, au contraire, à tout ce qui, en contribuant à une pacification ou au triomphe de la maison d'Autriche, préparait le moment où son vaste dessein pourrait être mis à exécution. En combattant pour l'empereur, les recrues levées en Pologne et ailleurs par ses partisans s'aguerrissaient et s'exerçaient à combattre les infidèles [3]. Le désir de servir les intérêts de Sigismond et du catholicisme en Suède n'empêchait pas le comte d'Althan de chercher à grossir le nombre des défenseurs de Ferdinand. Ce fut pour demander des soldats au roi et à la

[1] Le nonce de Varsovie à Borghèse, 26 janvier et 9 février 1618. *Inédit.*

[2] Le nonce de Varsovie à Borghèse, 16 novembre 1618. Inédit. «... il duca..... è stato d'ordine di quella M^ta richiamato a Vienna. » Le nonce de Varsovie à Borghèse, 23 novembre 1618. *Inédit.*

[3] «... Le comte d'Haltham est allé en Pologne faire deux mille chevaux polonais aux dépens de votre ordre et en peu ils seront sur pied et me viendront joindre... le comte de Bucquoy est en Bohême avec vingt mille et moi avec dix mille en Moravie. J'entrai dans cette province le premier de ce mois, l'ennemi vint pour m'attaquer... force seigneurs de qualité entrent en notre ordre, l'on traite de la paix et je crois qu'elle se fera..... Si elle se fait, jamais il n'y a eu une si belle occasion que de commencer notre entreprise contre le Turc, à quoi tous les princes et provinces contribueront pour faire sortir ces troupes qui sont dedans leur pais. » Le comte de Dampierre au duc de Nevers. Du camp de Moravie, 9 août [1619]. *Inédit.*

noblesse de Pologne que l'empereur l'envoya à Varsovie ; il y fut secondé par le comte hongrois, Georges Drugeth de Homonna, par le frère de l'empereur, l'archiduc Charles, évêque de Breslau, par sa sœur, la reine de Pologne. Leurs efforts réunis obtinrent de Sigismond une armée de onze mille cosaques environ qui infligèrent à Rakoczi une éclatante défaite et délivrèrent Vienne serrée de près par Bethlen Gabor [1]. Les vues du comte d'Althan ne s'éloignaient donc pas au fond de celles du duc de Nevers, mais les ambitions et les diversions auxquelles le premier se prêtait, risquaient de dénaturer l'idée qui leur était commune. Les assemblées d'Olmütz et de Vienne (17 novembre 1618 et 8 mars 1619), qui montrèrent le duc français, le comte allemand et Jean-Baptiste Petrignani unis dans la fondation d'un ordre militaire international, ne pouvaient faire oublier les dissidences qui s'étaient déjà produites, ni rassurer complètement sur celles qui pouvaient se produire encore.

Tout en se plaignant avec une certaine amertume des préventions qui avaient fait méconnaître à Prague ses intentions et ses ressources, Charles de Gonzague ne se refroidit nullement pour la cause de la maison d'Autriche. A peine revenu à la cour, en même temps qu'il se montrait partout revêtu des insignes de l'ordre qu'il venait de fonder et cherchait à lui recruter de nouveaux membres, il pressait le roi de faire marcher au secours de Ferdinand les troupes cantonnées en Champagne [2]. Quand, au mois de décembre de la même année, l'envoyé de l'empereur, le comte Wratislaw de Fürstenberg, vint, au nom de la solidarité des couronnes, demander le secours armé de la France, il trouva dans le conseil l'appui chaleureux du duc de Nevers, qui offrit d'aller combattre pour l'empereur à la tête de la milice chrétienne [3]. Du gouvernement l'ambassadeur ne put tout d'abord obtenir qu'une promesse de médiation, et il désespéra du succès de sa mission, mais bientôt, sous la pression du parti catholique, un revirement se produisit ; les dispositions du duc de Nevers devinrent celles des ministres et Fürstenberg apprit avec autant de satisfaction que de surprise que la France était décidée à

[1] Gindely, II, 289-290.
[2] Contarini au doge. Tours, 16 juillet 1619. *Inédit.*
[3] Gindely, III, 5.

intervenir en faveur de son maître, à la fois par la diplomatie et par les armes. Toutefois, sous l'empire des préoccupations causées par l'attitude de la reine mère, on recula presque aussitôt à Paris devant une intervention militaire et on chercha à esquiver ses engagements en substituant à une armée royale le duc de Nevers et sa milice, servant en partie à la solde de l'empereur [1]. Ce fut en présence de cette proposition et de la résolution de s'en tenir à une simple médiation que se trouva le conseiller impérial Kurz de Seuftenau, venu, au mois de février 1620, pour remercier le roi de ses promesses et en presser l'exécution [2]. Il ne pouvait faire aux offres de Charles de Gonzague, bien que le gouvernement français se les fût appropriées, un meilleur accueil que ne leur avait fait l'empereur lui-même. Le duc de Nevers n'en continua pas moins de seconder les efforts de Ferdinand et de l'Espagne pour obtenir l'action armée de la France en Allemagne. Au mois de février 1621, il y eut une concentration de troupes en Champagne et le bruit courut que Charles allait se mettre à leur tête pour les conduire au secours de la maison d'Autriche [2]. Les sympathies de la France pour la cause impériale ne devaient pas, on le sait, aller jusqu'à combattre pour elle, mais elle ne lui rendit pas moins de service par sa médiation qu'elle aurait pu le faire par son épée : en imposant aux alliés protestants de l'électeur palatin la neutralité dans les affaires de Bohême (traité d'Ulm, 3 juin 1620), les négociateurs français livrèrent sa jeune et fragile royauté aux coups de Maximilien de Bavière sans sauvegarder ses États héréditaires sur lesquels, dans le même temps, l'Espagne mettait la main.

Si les offres de service du duc de Nevers en vue de rétablir par le triomphe des Habsbourgs d'Autriche la paix européenne avaient été rebutés, l'activité diplomatique déployée par les nonces en faveur de la croisade n'avait pas été mieux récompensée. Il y avait là de quoi décourager des hommes moins confiants et moins ardents que Charles de Gonzague et que le Père Joseph. Mais ils conservaient encore des espérances et elles étaient, dans

[1] Giron à Philippe III, 9 février 1620. *Inédit.*
[2] Sur les dispositions variables de la France voy. les dépêches de Bentivoglio au card. Borghèse dans l'édit. de Stefani, *passim.*
[2] Contarini au doge, 4 et 18 février 1621 (n. s.). *Inédit.*

une certaine mesure, autorisées par les résultats qui, à un autre point de vue, avaient été obtenus. Les puissances catholiques, préoccupées par le conflit qui s'aggravait dans l'Europe centrale, s'étaient il est vrai, dérobées, mais une foule de bonnes volontés individuelles s'étaient offertes; on avait réuni beaucoup d'argent, enrôlé beaucoup d'hommes, noué des intelligences et créé des points d'appui en Grèce, en Moldavie, en Valachie, un peu partout. Obligés de renoncer pour le moment au concours des gouvernements, le prince et le religieux devaient se vouer d'autant plus au développement et à l'organisation de l'ordre militaire qu'ils avaient toujours envisagé comme le ressort principal de leur entreprise. L'ordre avait été à peine fondé que ses ambassadeurs étaient allés demander aux souverains de le recevoir dans leurs royaumes et de lui accorder leur protection.

Nous ne les suivrons pas dans leur mission. Il en est un pourtant dont nous dirons un mot, parce que les vicissitudes de sa carrière caractérisent bien l'existence aventureuse et les mobiles de nombre de gentilshommes enrôlés par le duc de Nevers. Né en Italie, dépouillé de son patrimoine, menacé dans sa personne par les guerres civiles de son pays, Marc Antoine Scotti, comte d'Agazzano, avait servi le duc de Bavière de manière à mériter sa reconnaissance; il était passé ensuite à la cour de l'empereur, dont il avait aussi conquis l'affection, il avait longtemps combattu en Hongrie, puis il avait quitté le service impérial pour s'attacher à Charles de Gonzague. Bientôt il allait s'offrir avec trois mille hommes à la république de Venise, témoignant ainsi que, s'il se battait de préférence pour la cause catholique, il était avant tout désireux de se battre [1]. Après avoir obtenu de l'archiduc Albert et de l'infante Isabelle-Claire-Eugénie l'introduction de l'ordre en Flandre, Scotti se rendit en Espagne. Il y recueillit des assurances encourageantes [2] et put emporter l'espoir que la milice chrétienne y serait admise ; mais quand, sur la demande de l'ambassadeur de France et du duc de Nevers, la

[1] Priuli et Contarini au doge. Paris, 6 février 1622 (n. s.). Pesaro au doge. Avignon, 20 novembre 1622. *Inédit.*
[2] Grenelle à Puysieux. Lisbonne, 5 septembre 1619. Philippe III aux fondateurs et au conseil des chevaliers de la milice chrétienne, 17 avril 1620. *Inédit.*

question fut reprise et plus mûrement examinée, le conseil d'État fut frappé de l'inconvénient de laisser s'établir dans la monarchie, qui comptait déjà sept ordres militaires dépendant de la couronne, un ordre nouveau et étranger [1], et Philippe III répondit par un refus, entouré de tous les ménagements dus à un ami de l'Espagne tel que le duc de Nevers. En prenant cette résolution, le gouvernement espagnol ne paraît pas avoir obéi à sa méfiance habituelle contre tout ce qui venait de la France, car, lorsque, quelques années plus tard, en 1626, le grand aumônier de la milice chrétienne vint demander pour elle, au nom du comte d'Althan et de l'empereur, l'autorisation de s'établir dans les États de Philippe IV, il ne réussit pas davantage [2]. L'ordre reçut, au contraire, de Ferdinand, de Louis XIII et surtout du pape Urbain VIII de sérieux encouragements. Le premier en accepta le patronage et autorisa, en sa faveur, la levée d'une contribution dans l'Empire [3]; le second lui accorda des lettres d'établissement et d'amortissement ; le troisième [4] en approuva par une bulle la fondation, s'en déclara le protecteur, en conféra les nouveaux insignes à Charles de Gonzague, à qui il fit les plus grandes caresses [5]. Il exhortait Sigismond III à l'ériger dans son royaume et à le prendre sous sa protection[6]. Déjà l'avènement de son prédécesseur Grégoire XV (1er février 1621) avait donné à la maison d'Autriche et au projet de croisade un partisan plus ardent et plus confiant que Paul V. Grégoire unissait ce projet et la cause des Habsbourgs dans une même sollicitude : ainsi en 1621, l'un de ses agents, le P. Hyacinthe de Casal, tout en cherchant à faire accepter par l'Espagne la translation de l'électorat palatin au duc de Bavière, travaillait à l'union des nations chré-

[1] Consulte du conseil d'État. Madrid, juin 1622. *Inédit.*

[2] Ferdinand II à Philippe IV. Vienne, 11 février 1626. Althan à Philippe IV. Komorn, 21 août 1626. Consultes du 17 février et du 11 mai 1628. *Inédit.*

[3] Althan à Philippe IV, 21 août 1626. Patente de Ferdinand II. Vienne, 2 février 1626.

[4] Niort, avril 1622.

[5] Extrait d'une lettre de Rome du 9 février 1624. Scaglia au duc de Savoie, Paris. 30 janvier 1624. *Inédit. Mercure français*, X, 194-95. *Mémoires de Marolles*, I, 107-108.

[6] Bref d'Urbain VIII à Sigismond, 3 [illegible] 1624, dans Theiner., *Vetera monumenta Poloniæ et Lithuaniæ.*

tiennes contre l'ennemi commun [1]; l'année suivante, un autre capucin, le P. Valerian Magni, venu en France pour obtenir l'adhésion de notre pays à un règlement de la question de la Valteline favorable à la maison d'Autriche et pour le lier aux catholiques allemands, ne manquait pas de faire entrevoir cette ligue chrétienne comme le dernier mot de la politique qu'il prêchait.

Cependant le duc de Nevers continuait ses préparatifs militaires. Le Père Joseph lui conseilla de se procurer tout de suite des vaisseaux pour le transport de son corps expéditionnaire [2]. Au lieu d'en affréter, comme on le faisait souvent à cette époque [3], le prince préféra en faire construire. Il commanda aux constructeurs hollandais, les plus habiles de l'Europe, cinq galions qui comptèrent bientôt parmi les plus beaux navires sortis des chantiers de la république. Le plus petit était de cinq cents tonneaux, le plus grand probablement de huit cents, chacun était armé de trente à quarante canons [4]. Il songea à y embarquer les déserteurs de l'armée que Mansfeld faisait vivre, à la fin de 1623, sur la Frise orientale [5].

Il est difficile d'évaluer d'une façon précise et sûre l'effectif que Charles de Gonzague aurait pu réunir le jour où il se serait mis en campagne. Les textes présentent des données très différentes. S'il faut en croire l'ambassadeur vénitien, Charles avait l'espoir, au commencement de 1619, de mettre sur sa petite flotte, pour laquelle il avait déjà dépensé, à cette date, 50,000 écus, treize mille bons soldats [6]. C'était, on l'a vu, pour vingt mille hommes qu'il demandait au roi de Pologne le droit de passage.

1 Ferdinand II à Philippe IV. Vienne, 15 octobre 1621. *Inédit.*

2 *Mémoires de l'abbé de Marolles.*

3 Voy. la proposition faite par des armateurs hollandais « pour favoriser le voiage de M. le duc de Nevers pour aller au Levant. » *Inédit.*

4 Contarini au doge. Paris 7 juillet 1620. *Inédit.* Pesaro au doge. Poissy, 31 août 1623. *Inédit.* Priuli, au doge. Paris, 12 octobre 1621. *Inédit.* « N'oubliez pas en vos prières avec un grand soin de recommander à Dieu qu'il bénisse le voyage de cinq vaisseaux et navires de la sainte milice que l'on a faict faire expres en Flandre où l'on est allé les querir. L'espoir de tout le saint œuvre est enfermé là dedans... Ceux-là [ces vaisseaux] sont pour acquerir des peuples infinis à son fils [J. C.] Recommandez chaudement M. de Nevers, etc... » Le P. J. à la prieure de Lencloître, 31 janv. 1621. *Inédit.* — *Mém. de Marolles.*

5 Pesaro au doge. Paris, 22 décembre 1623. *Inédit.* Villermont, *Ernest de Mansfeld*, chap. XVII.

6 Contarini au doge. Paris, 27 février 1619. (n. s.) *Inédit.*

Les troupes qu'il offrait vers la même époque à l'empereur Mathias ne dépassaient pas huit mille hommes. A côté de cela, on lit dans une lettre anonyme écrite de Rome le 9 février 1624 [1] que des princes et des grands seigneurs, dévoués à l'entreprise, ont promis, l'un mille, l'autre deux mille soldats et que le total de ces soldats s'élève à soixante mille. Or la situation de l'auteur de cette lettre, attaché, selon toute vraisemblance, au duc de Nevers, alors à Rome, ne permet guère de révoquer en doute la réalité de ces promesses, tout en laissant douter beaucoup de leur exécution. Assurément il ne serait pas difficile d'expliquer ces différences de chiffres, mais, en le faisant, on ne dissiperait pas l'incertitude qui plane sur le total des forces à la tête desquelles le chef de la croisade aurait probablement pu se mettre, le moment venu. Cette incertitude existait également pour les organisateurs de l'entreprise. Ceux-ci, en effet, ne pouvaient connaître que les promesses qu'ils avaient reçues, ils ne pouvaient prévoir sûrement comment elles seraient tenues, ils ne pouvaient savoir si tel chef de bande ne manquerait pas de parole, si tel autre viendrait au rendez-vous avec autant de monde qu'il en avait pris l'engagement. On peut, toutefois, en tenant compte du nombre de soldats levés vers le même temps et dans nos guerres civiles et dans la guerre de trente ans, estimer à douze ou quinze mille celui des hommes que le duc de Nevers pouvait espérer réunir sous ses drapeaux [2]. Ce chiffre paraîtra sans doute hors de proportion avec le but à atteindre, mais est-il besoin de faire remarquer que, abstraction faite du concours militaire des puissances européennes, ce corps expéditionnaire devait se grossir du contingent commandé par le comte d'Althan [3], ainsi que de tous les volontaires, de tous les

[1] *Inédit.*

[2] En 1617 le marquis de Villars et le baron de Thianges commandaient 5000 fantassins et 600 cavaliers levés par le duc de Nevers. Bon et Gussoni au doge, 21 mars 1617. *Inédit.*

[3] « Il [Marconnet] fait état de 14 à 15 mille d'Allemands de la part du comte d'Althan avec l'argent pour leur levee et entretenement pendant le temps nécessaire, lequel provient de la contribution de plusieurs princes et seigneurs...Les confédérés qu'il a vus en Allemagne lui font espérer que le nombre des confédérés de Pologne montera à quelques 15,000 h. tant de pied que de cheval, levés et entretenus aux dépens des Polonais. » Extrait d'une lettre de Marconnet. Cracovie, 21 décembre 1617. Le P. Valerian

insurgés, de toutes les forces indisciplinées peut-être, mais à coup sûr pleines d'élan que son apparition devait faire surgir sur les frontières et au sein même de l'empire ottoman ? C'est ainsi que, le 7 avril 1617, Marçonnet avait signé à Varsovie avec les délégués des cosaques Zaporogues un traité qui plaçait sous son commandement, c'est-à-dire sous celui de son maître, toute leur armée ; c'est ainsi que Samuel [1], duc de Koresky, qui était bien placé pour le savoir, présentait la Moldavie comme un pays abondant en combattants aussi bien qu'en bétail, en vivres et en canons.

Charles de Gonzague s'était assuré aussi les services d'un grand nombre de capitaines et de pilotes familiarisés avec la navigation dans les mers du Levant [2]. Parmi eux se distinguait surtout Jacques-Pierre. C'était un pirate normand, connaissant à fond les côtes de la Morée, les parages de l'Archipel et qui souvent avait été chargé par le duc de Nevers de porter à ses amis de Grèce des messages et des armes. Amis et ennemis, chrétiens et infidèles, tous étaient égaux à ses yeux quand il s'agissait de faire un coup de main hasardeux et lucratif. Enrôlé dans la marine vénitienne, il n'avait pas craint de comploter avec le duc d'Ossuna et le marquis de Bedmar la ruine de la république, qui s'était débarrassée sommairement de sa personne et avait saisi avec ses papiers le secret de l'expédition maritime préparée contre les Turcs [3].

Pour faire aboutir tous ces préparatifs, pour dissiper les dissidences entre les fondateurs de la milice chrétienne et faire prévaloir un plan unique d'opérations, il aurait fallu que la crainte des Turcs arrachât l'Europe à ses divisions. C'est ce qui aurait pu arriver quand l'hospodar de Valachie Graziani entraîna les

Magni, qui s'emploie en Allemagne et en Pologne en faveur du projet, confirme le contenu des lettres de Marconnet. Ces documents sont inédits.

1 Samuel, duc de Coreski en Volhynie, au duc de Nevers. Korets, 12 juin 1619. *Inédit.*

2 Châteaurenaud au duc de Nevers. Rome, 13 et 16 janvier 1616. *Inédit.*

3 Essa corona ha tenido aviso que en poder de alqunos de los Franceses que han pesticiado en Venecia hallaron papeles tocantes a interpresas que se podian hazer en plazas del Turco... y que Venecianos han enviado dechos papeles al d. Turco por agraciarse con el, etc... » Monteleone à Philippe III. Paris, 13 juillet 1618. *Inédit.* Contarini au doge. Paris, 14 juillet 1618. *Inédit.* Marquemont au roi. Rome, 14 août 1618. Sur Jacques-Pierre voy. notamment Siri, IV, 445-46.

Polonais dans une guerre d'abord malheureuse contre la Porte. Sous le coup du désastre de Cecora (19 septembre 1620), on vit Sigismond, dont l'imprévoyance méconnaissait naguère l'utilité d'une croisade, la réclamer de l'Europe, émue elle-même du coup qui venait de frapper le boulevard de la chrétienté [1]. Mais les Polonais prirent leur revanche à Chocim et la paix signée au même lieu (9 octobre 1621) rendit à la république chrétienne la sécurité et la liberté de se déchirer elle-même.

Dès lors l'idée de la solidarité chrétienne en face de l'islamisme flottera bien encore, comme une épave du passé, sur le courant des événements, elle n'est plus appelée à le diriger. Enivrée de son facile triomphe, égarée par un fanatisme sincère, la maison d'Autriche s'affranchira de tout ménagement envers la France, la forcera à reprendre la lutte traditionnelle et, en défendant sa sécurité, à songer à sa grandeur; elle alarmera l'Allemagne protestante du nord sur la conservation des évêchés sécularisés, le Danemark et la Suède sur leurs intérêts dans les mers qui les baignent et transformera ainsi une crise intérieure en une guerre européenne. Ce fut ainsi que, pour leur malheur, les Habsbourgs répondirent à la confiance et à la sympathie qui portaient la France à les assister dans leurs embarras, comme le Père Joseph et le duc de Nevers à leur offrir, en son nom, le rôle de chefs de la chrétienté contre les Turcs. Ce n'est pas seulement en Allemagne que le sentiment religieux déchut de la hauteur où le Père Joseph avait voulu le porter pour le faire servir à son entreprise ; en France aussi il dégénéra en esprit sectaire. Les vaisseaux que Charles de Gonzague avait fait construire pour la croisade, servirent contre les Huguenots et, au lieu d'aller montrer au croissant les chrétiens unis, périrent misérablement dans nos guerres civiles[2]. La succession de Man-

[1] Sur l'appel de Sigismond III à l'Europe, voy. le ms. de la bibliothèque de l'université de Cracovie intitulé : *Acta diplomatica anni 1621 et 1622* et une dép. de Priuli et Contarini, Paris, 4 mai 1621. Sur l'émotion en Europe voy. Grenelle à Puysieux, Madrid, 23 avril 1620. Priuli au doge, Paris, 6 septembre 1621. *Inédit.* Des Hayes Cormenin, parti pour le Levant le 15 avril 1621, était chargé d'intervenir, en vue d'une pacification, entre les belligérants. *Voyage du Levant*.

[2] Priuli au doge, Paris, 12 octobre 1621. Le duc de Nevers au nonce, Charleville, 20 janvier 1625. Scaglia au duc de Savoie, Paris, 23 janvier 1625. Tous ces documents sont inédits.

toue fit oublier à ce prince l'héritage des Paléologues, et l'opposition des Habsbourgs à ses légitimes prétentions le rendit fort hostile à une maison dont il avait commencé par se faire le champion, nous allions dire le paladin. En 1625, Urbain VIII et le Père Joseph reconnaissaient d'un commun accord que les circonstances imposaient un ajournement indéfini [1]. Ce sentiment, qui était celui de tout le monde, n'empêchait pas la milice chrétienne de subsister et même de recevoir de nouveaux privilèges, soit dans l'attente de circonstances plus favorables, soit dans des vues assez différentes de sa destination première. En 1628, la langue orientale, tout au moins, celle qui obéissait à l'autorité du comte d'Althan, existait encore.

Ce qui dura plus longtemps que la milice chrétienne elle-même, c'est l'idée d'une réconciliation des ambitions et des croyances aux dépens des Turcs. Impuissante à arrêter le cours des événements, elle ne fut pour cela ni moins sincère ni moins répandue; elle est familière aux personnages les plus opposés, à Gustave Adolphe comme à Tilly, à Waldstein comme à Maximilien, elle fait presque partie du style des chancelleries. Mais elle n'est nulle part plus enracinée et plus constante que chez le Père Joseph; amené par elle à mettre la main à la politique européenne, il se console des nécessités de la guerre contre la maison d'Autriche en cherchant à se persuader que l'issue de cette guerre tournera à la réalisation du dessein dont elle a été le principal obstacle.

Il est toujours oiseux de spéculer sur les conséquences hypothétiques d'un événement qui ne s'est pas produit, à plus forte raison quand il s'agit d'un projet qui, comme celui du Père Joseph et du duc de Nevers, n'a pas été conduit à un degré de maturité suffisant pour permettre d'en apprécier les chances avec quelque certitude. On ne peut cependant s'empêcher de remarquer que si leur entreprise, à laquelle l'entente de la France et de la maison d'Autriche et la faiblesse de l'empire ottoman donnaient une grande opportunité, avait réussi, elle aurait probablement conjuré la guerre de trente ans et résolu ou plutôt prévenu la question d'Orient, qui n'existe, dans le sens

[1] Lepré-Balain.

où nous l'*entendons* aujourd'hui, que depuis le jour où la décadence définitive de la Turquie a donné naissance à la rivalité de ses voisins, à la grandeur de la Russie, à la tutelle de l'Europe. Quoi qu'il en soit, on ferait tort à cette entreprise en n'y voyant que le rêve d'un moine et d'un prince d'une romanesque ambition. Elle se rattache à une tradition dissimulée mais non abolie par l'âpreté des luttes religieuses et nationales ; elle est en harmonie avec les tendances pacifiques des deux *maisons rivales* dont l'accord peut seul en assurer le succès ; elle ouvre une carrière à une classe nombreuse pour qui la guerre est une habitude et un besoin ; elle offre aux convoitises un appât considérable ; elle s'appuie sur des aspirations nationales encore confuses dont notre siècle a pu apprécier la force. Si elle n'est pas véritablement entrée dans la période d'exécution, cela s'explique par des causes plus graves et plus générales que la mobilité et l'insuffisance de son chef militaire et que la froideur de la papauté : c'est que les divisions confessionnelles et les intérêts qui en étaient nés, l'ont emporté sur le souvenir et le sentiment encore présent de l'unité religieuse, c'est que l'attente d'un conflit européen à empêché les États qui n'y étaient pas directement engagés de sortir de leur attitude d'observation ; mais ces difficultés prévues n'autorisent pas à la considérer comme chimérique, à en méconnaître les chances non plus que la grandeur.

N. 326. — Bruxelles. Imp. A. Vromant et Cie, 3, rue de la Chapelle.

www.ingramcontent.com/pod-product-compliance
Lightning Source LLC
LaVergne TN
LVHW010047230826
846091LV00005B/1889

9782013544528